中华文化风采录

千秋圣殿奇观

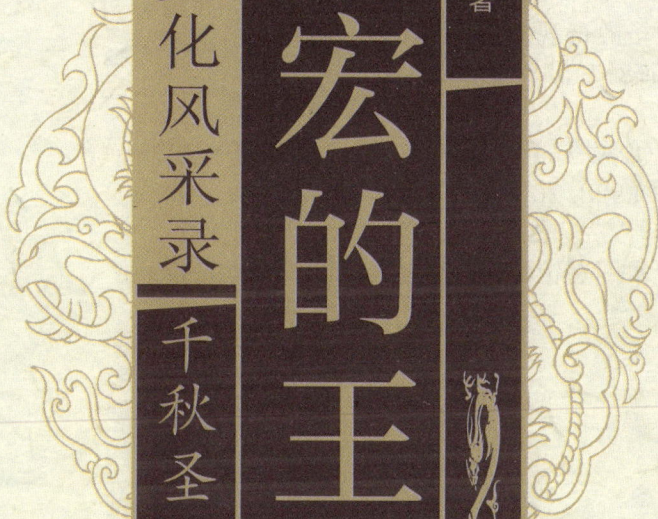

恢宏的王陵

陈 璞 编著

北方妇女儿童出版社
·长春·

图书在版编目（CIP）数据

　　恢宏的王陵 / 陈璞编著. —长春：北方妇女儿童出版社，2017.5（2022.8重印）
　　（千秋圣殿奇观）
　　ISBN 978-7-5585-1063-2

　　Ⅰ．①恢… Ⅱ．①陈… Ⅲ．①陵墓—介绍—中国 Ⅳ．①K928.76

　　中国版本图书馆CIP数据核字(2017)第103419号

恢宏的王陵
HUIHONG DE WANGLING

出 版 人	师晓晖
责任编辑	吴　桐
开　　本	700mm×1000mm　1/16
印　　张	6
字　　数	85千字
版　　次	2017年5月第1版
印　　次	2022年8月第3次印刷
印　　刷	永清县晔盛亚胶印有限公司
出　　版	北方妇女儿童出版社
发　　行	北方妇女儿童出版社
地　　址	长春市福祉大路5788号
电　　话	总编办：0431-81629600
定　　价	36.00元

习近平总书记说："提高国家文化软实力，要努力展示中华文化独特魅力。在5000多年文明发展进程中，中华民族创造了博大精深的灿烂文化，要使中华民族最基本的文化基因与当代文化相适应、与现代社会相协调，以人们喜闻乐见、具有广泛参与性的方式推广开来，把跨越时空、超越国度、富有永恒魅力、具有当代价值的文化精神弘扬起来，把继承传统优秀文化又弘扬时代精神、立足本国又面向世界的当代中国文化创新成果传播出去。"

为此，党和政府十分重视优秀的先进的文化建设，特别是随着经济的腾飞，提出了中华文化伟大复兴的号召。当然，要实现中华文化伟大复兴，首先要站在传统文化前沿，薪火相传，一脉相承，弘扬和发展5000多年来优秀的、光明的、先进的、科学的、文明的和自豪的文化，融合古今中外一切文化精华，构建具有中国特色的现代民族文化，向世界和未来展示中华民族具有独特魅力的文化风采。

中华文化就是中华民族及其祖先所创造的、为中华民族世世代代所继承发展的、具有鲜明民族特色而内涵博大精深的优良传统文化，历史十分悠久，流传非常广泛，在世界上拥有巨大的影响力，是世界上唯一绵延不绝而从没中断的古老文化，并始终充满了生机与活力。

浩浩历史长河，熊熊文明薪火，中华文化源远流长，滚滚黄河、滔滔长江是最直接的源头，这两大文化浪涛经过千百年冲刷洗礼和不断交流、融合以及沉淀，最终形成了求同存异、兼收并蓄的辉煌灿烂的中华文明。

中华文化曾是东方文化的摇篮，也是推动整个世界始终发展的动力。早在500年前，中华文化催生了欧洲文艺复兴运动和地理大发现。在200年前，中华文化推动了欧洲启蒙运动和现代思想。中国四大发明先后传到西方，对于促进西方工业社会形成和发展曾起到了重要作用。中国文化最具博大性和包容性，所以世界各国都已经掀起中国文化热。

中华文化的力量，已经深深熔铸到我们的生命力、创造力和凝聚力中，是我们民族的基因。中华民族的精神，也已深深根植于绵延数千年的优秀文化传统之中，是我们的精神家园。但是，当我们为中华文化而自豪时，也要正视其在近代衰微的历史。相对于5000年的灿烂文化来说，这仅仅是短暂的低潮，是喷薄前的力量积聚。

中国文化博大精深，是中华各族人民5000多年来创造、传承下来的物质文明和精神文明的总和，其内容包罗万象，浩若星汉，具有很强的文化纵深感，蕴含丰富的宝藏。传承和弘扬优秀民族文化传统，保护民族文化遗产，已经受到社会各界重视。这不但对中华民族复兴大业具有深远意义，而且对人类文化多样性保护也有重要贡献。

特别是我国经过伟大的改革开放，已经开始崛起与复兴。但文化是立国之根，大国崛起最终体现在文化的繁荣发展上。特别是当今我国走大国和平崛起之路的过程，必然也是我国文化实现伟大复兴的过程。随着中国文化的软实力增强，能够有力加快我们融入世界的步伐，推动我们为人类进步做出更大贡献。

为此，在有关部门和专家指导下，我们搜集、整理了大量古今资料和最新研究成果，特别编撰了本套图书。主要包括传统建筑艺术、千秋圣殿奇观、历来古景风采、古老历史遗产、昔日瑰宝工艺、绝美自然风景、丰富民俗文化、美好生活品质、国粹书画魅力、浩瀚经典宝库等，充分显示了中华民族厚重的文化底蕴和强大的民族凝聚力，具有极强的系统性、广博性和规模性。

本套图书全景展现，包罗万象；故事讲述，语言通俗；图文并茂，形象直观；古风古雅，格调温馨，具有很强的可读性、欣赏性和知识性，能够让广大读者全面触摸和感受中国文化的内涵与魅力，增强民族自尊心和文化自豪感，并能很好地继承和弘扬中国文化，创造未来中国特色的先进民族文化，引领中华民族走向伟大复兴，在未来世界的舞台上，在中华复兴的绚丽之梦里，展现出龙飞凤舞的独特魅力。

华夏始祖陵——炎帝陵

两帝一陵——唐高宗乾陵

石雕宝库——清东陵

炎帝陵坐落于湖南株洲炎陵的鹿原陂，被称为"神州第一陵"，是中华民族始祖之一炎帝的安息地，也是炎黄子孙寻根祭祖的主要场所，"神州第一陵"的主要建筑有炎帝陵殿和神农大殿等。

在我国历史传说中，炎帝开创了华夏原始农业，是农耕文化的创始人。是他创造了木制耒耜，教民耕种，提高农作物产量；是他遍尝百草，为人医病，是中草药的第一位发现者和利用者……

炎帝一直受到广大炎黄子孙的无比敬仰，对他的祭祀也从未间断过。

炎帝陵

农业与医药之神的炎帝

大约在5000年前的西秦大地上，生活着一大部落叫有娇氏。其首领有娇氏的女儿，名叫女登，嫁给有熊氏部落首领少典为正妃。

女登生了一个孩子取名叫石年，石年因为在姜水一带长大，也就是后来的宝鸡一带，所以有"姜"姓之称。

炎帝神农氏画像

小石年长大后，担任了有娇氏部落的首领。他以火德称氏，因此被称为炎帝。

相传有一天，一只周身通红的鸟儿，衔着一棵五彩的九穗谷飞在天空，当鸟儿掠过炎帝的头顶时，九穗谷掉在了地上。

炎帝陵炎帝塑像

炎帝看见了，就把穗谷捡起来埋在了土壤里，后来就长出了一棵苗，不久苗又结了穗。炎帝就把谷穗放在手里揉搓后放在嘴里，他感到很好吃。

炎帝从中受到了启发。他想：要是把谷粒埋到土里，年年种植，年年收获，这样人们的食物就会源源不断了，人们的吃食问题不就解决了吗？

但是在那时，五谷和杂草长在一起，哪些可以吃，哪些不可以吃，谁也分不清。炎帝就一样一样地尝，一样一样地试种，最后他从中筛选出了菽、麦、稷、稻等五谷。

炎帝为了教人们种庄稼，他就用石片在地里敲着、走着、喊着："草死，苗长。"草就死去了。

后来，人们变懒了，在天热时，大家就用绳子把石片吊在树上，便坐在树下敲着，喊着。但是草也不死了。

正妃 也叫大妃、嫡妃或者元妃，是我国古代时期君主用来称呼尚未封后的嫡配夫人的称号。只有君主的正室妻子能被称呼为正妃，正妃也是嫔妃之中地位最高的称号。

火德 是金德、木德、水德、火德、土德的五德之一，五德也就是金、木、水、火、土的五行。以五行中的火来附会王朝历运的称为火德。

后来，人们学会用石片铲草了，但是草一铲去，地又被晒干了，而且铲草很费力气。有的人铲草劲使猛了，石片铲子也就断了。人们只得把石片翻过来扒草，这样使着比铲还得劲，从此便有了锄。

炎帝教会了人们种植五谷后，又教人们打井汲水，对农作物进行灌溉，这样收成就越来越多了，也逐渐满足了人们吃饭的要求了。

炎帝又发明了耒耜，教人种五谷，解决了民以食为天的大事，为人类由原始游牧生活向农耕文明转化创造了条件。

随着五谷的大量种植，人们的食物逐渐有了剩余。于是，炎帝又把野生的猪、狗、羊、牛、鸡等进行人工饲养，既作为人的肉食，又驯其畜力服务于人，由此又出现了畜牧农耕。

炎帝逐渐发现，人们在采集活动中经常误食某些动植物，会发生呕吐、腹疼、昏迷，甚至死亡等现象。他同时还发现，人们吃了某些动植物，却能消除或者减轻身体的一些病痛，或解除因其他食物而引起的中毒现象。在渔猎生活中，炎帝又发现，吃了某些动物的肢体、内脏，能产生特殊的反应。

那时候，五谷和杂草长在一起，药物和百花开在一起，哪些植物可以吃，哪些植物可以治病，谁也分不清，人们只能靠打猎生活，但是天上的飞禽越打越少，地下的走兽也越打越稀，人们只好饿肚子。同时，人们苦于无医无药，生疮害病时只能受着病痛的煎熬。

人们的疾苦，炎帝看在眼里，疼在心头。怎样为人们治病呢？他冥思苦想了三天三夜，终于想出了一个办法。

第四天，炎帝带着一批人，从家乡随州历山出发，向西北大山走去。他们走啊走，腿走肿了，脚起茧了，还是不停地走，整整走了七七四十九天，来到一个地方。只见高山一峰接一峰，峡谷一条连一条，山上长满了奇花异草，大老远就闻到了香气。

大家正往前走，突然从峡谷里窜出一群虎豹蟒蛇，把大家团团围住。大家挥舞鞭子木棍，向野兽打去。可是打走一批，又来一批，一直打了七天七夜，才把野兽都赶跑了。那些虎豹蟒蛇身上被鞭子抽出的一条条或一块块伤痕，后来就成了它们皮上的斑纹。

大家觉得山里太险恶了，就劝炎帝回去。但他摇摇头说："不能

005

华夏始祖陵

炎帝陵

炎帝陵炎帝大殿

回！大家饿了没吃的，病了没医的，我们怎么能回去呢？"

炎帝说着领头进了峡谷，来到一座茫茫大山脚下。这山半截插在云彩里，四面是刀切崖，崖上挂着瀑布，长着青苔，溜光水滑，很难爬上去。大家又劝炎帝算了吧，还是趁早回去。

炎帝摇摇头说："不能回！大家饿了没吃的，病了没医的，我们怎么能回去呢？"炎帝站在一个小石山上，对着高山，上望望，下看看，左瞅瞅，右瞄瞄，打主意，想办法。他站的这座小山峰就是后来的"望农亭"。

炎帝想着想着，突然他看见几只金丝猴顺着高悬的古藤和横倒在崖腰的朽木爬来爬去。他灵机一动，把大家喊来，叫人砍木杆，割藤条，靠着山崖搭成架子，一天搭上一层，从春天搭到夏天，从秋天搭到冬天，不管刮风下雨，还是飞雪结冰，都不停工。

就这样整整搭了一年，搭了360层，才搭到山顶。传说，后来人们用的脚手架，就是学习炎帝的办法。

炎帝陵建筑

炎帝带着大家攀登木架上了山顶，他亲自采摘花草，放到嘴里尝。为了防备虎豹狼虫，为了能在这里尝遍百草，他为人们找吃的，找草药，又叫大家在山上栽几排冷杉，当作墙壁防野兽，并在墙内盖茅屋居住。炎帝他们当时住的地方就是后来的"木城"。

白天，炎帝领着人们到山上尝百草。晚上，他把百草详细记载下来，哪些草是苦的，哪些是热的，哪些是凉的，哪些能充饥，哪些能医病，他都记得清清楚楚。

有一次，炎帝把一棵草放到嘴里一尝，突然一头栽倒。大家慌忙扶他坐起，可是他已经中了毒，不会说话了，只好用最后一点力气，指着面前一棵红亮亮的灵芝草，又指指自己的嘴巴。

大家慌忙把那红灵芝放到嘴里嚼嚼，并喂到炎帝嘴里。炎帝吃了灵芝草后，毒气解了，头不昏了，又能说话了。

人们担心炎帝这样尝草太危险了，都劝他还是下山回去，但他仍然摇摇头说："不能回！大家饿了没吃的，病了没医的，我们怎么能

■ 炎帝陵大殿

茶 我国南方的嘉木，茶树的叶子制成茶叶后可以泡水饮用，有强心、利尿的功效，是一种保健饮品。茶的口感甘甜，清新醇厚，香味持久，是我国各地普遍受欢迎的一种饮料，同时也是世界三大饮料之首。茶是我国人民对世界饮食文化的贡献。

回去呢？"说罢，他又接着尝百草。

炎帝尝百草时，随身带着一只能看到人五脏六腑、十二经络、帮助他识别药性的獐鼠。有一天，獐鼠吃了巴豆，腹泻不止。

炎帝把獐鼠放在一棵青叶树下休息，过了一夜，獐鼠居然奇迹般地康复了，原来是獐鼠吸吮了青树上滴落的露水解了毒。

炎帝摘下青树的叶子放进嘴里品尝，他顿感神志清爽，还甘润止渴。他就教人们种这种青树，这就是后来的茶树。

炎帝因为教人种植五谷，并发明农具，以木制耒，教民稼穑饲养等，遂被人们称为"神农氏"，他对中华民族的生存繁衍和发展做出了重要贡献。作为中华民族第一个由渔猎转入农耕的氏族部落，神农氏族开创了我国的农业文化。

炎帝神农氏以身实践和探索的精神，能分辨什么植物可以吃，什么植物不可以吃，亲尝百草，以辨别药物作用。他撰写了人类最早的医学著作《本草》，奠定了我国中医学的基础，也开创了中医学文化，因此被人们称为医药之圣。

随着农业的出现，人们的劳动果实有了剩余，炎帝便设立了集市，让人们把吃不完、用不了的食物和东西，每天中午拿到集市上去交换，从而出现了我国最原始的商品交易市场。

炎帝还教人们用麻织布，让人们穿衣。那时，人们本无衣裳，仅以树叶、兽皮遮身，直到炎帝教人们用布做衣服后，人们才开始穿衣，这使人类由蒙昧社会向文明社会迈出了重大一步。

炎帝还发明了五弦琴，用来供人们娱乐。他削桐为琴，结丝为弦，这种琴后来叫神农琴。

据记载，神农琴"长三尺六寸六分，上有五弦，为：宫、商、角、徵、羽"。这种琴发出的声音，能道天地之德，能表神农之和，能使人们心情舒畅。

炎帝还削木为弓，以威天下。他发明了弓箭，能够有效防止野兽的袭击，能够有力打击外来部落的侵犯，能够保卫人们的生命安全和劳动成果。

中医 也称汉医，是我国传统医学，是研究人体生理、病理以及疾病的诊断和防治等的一门学科。中医以阴阳五行作为理论基础，将人体看成是气、形、神的统一体，通过望、闻、问、切，四诊合参的方法，使用中药、针灸等多种治疗手段，使人体达到阴阳调和而康复。

■ 炎帝陵一角

■ 炎帝陵一角

恢宏的王陵

炎帝又制作了陶器，他发明器皿、陶盆和陶罐，用来改善人们的生活，解决人们的生活用具问题。

在陶器发明前，人们加工处理食物只能用火烧烤，有了陶器后，人们就可以对食物进行蒸煮加工了，还可以贮存物品和酿酒了。陶器的使用，改善了人们的生活条件。

为了促使人们有规律地生活，并按季节栽培农作物，炎帝还创年历，立星辰，分昼夜，定日月，月为三十日，十一月为冬至。

炎帝和黄帝还结为联盟，共同打败了九黎族蚩尤，他们两人在自己部落里威望都很高。炎帝管理自己部落时，治理很有方法。他不求回报，不贪天下之财，一心想使人类共享幸福。

他以德以义，不赏而民勤，不罚而邪正，不忿争而财足，无制令而民从，威厉而不杀，法省而不烦，炎帝部落的人们都很尊敬和爱戴他，想推举他做黄帝和炎帝联盟的新首领。

与此同时，黄帝的治理也非常贤明，于是他也被自己部落的人们推举为联盟新首领。这样一来，黄帝和炎帝就不得不相互较量决出胜负，这场决战就是著名的阪泉之战。

冬至 又称"冬节""长至节"或"亚岁"，是我国农历中一个重要节气，也是中华民族的一个传统节日。冬至是二十四节气中最早制订出的一个，时间在每年阳历12月21日至23日，我国北方大部分地区在这一天还有吃饺子、南方吃汤圆吃南瓜的习俗。

开战之后，黄帝率领"熊、罴、狼、豹、貅、虎"六部军队在阪泉之野与炎帝摆开战场，六部军队各持自己的崇拜物为标志的大旗，黄帝作为六部统帅也持一面类似"大纛"之旗，列开了阵势。

炎帝在黄帝没有防范的情况下，先发制人，以火围攻，使得轩辕城外浓烟滚滚，遮天蔽日，黄帝用水熄灭火焰，并率兵将炎帝赶回阪泉之谷，嘱手下士兵只和炎帝斗智斗勇，不伤其性命。在阪泉河谷中，黄帝竖起七面大旗，摆开了兵法中的星斗七旗战法。

炎帝火战失利后，面对星斗七旗战法，无计可施，就回到营内，不再挑衅。黄帝仰慕炎帝的医药和农耕技术，决心与他携手创建文明国家。他在炎帝营外摆阵练兵，千变万化的阵法层出不穷，星斗七旗阵，让炎帝看得眼花缭乱，在长达3年多的操练中，黄帝各部的战斗力逐渐增强了。

炎帝则利用山崖作屏障，只是观望阵势，不主动出战。黄帝在3年多的时间内，一边以星斗七旗战法练兵进行掩护，一边派兵日夜掘进，将洞穴挖到炎帝营的后方。突然有一日，黄帝兵将突然窜出，偷袭了炎帝阵营，捉住了炎帝。

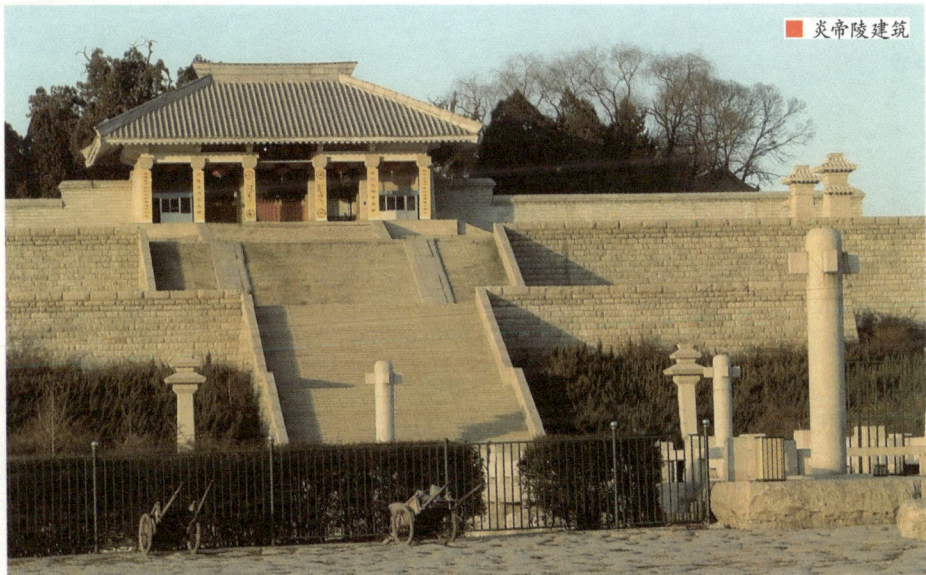

■ 炎帝陵建筑

道统 儒家传道的脉络和系统。儒家道统分为认同意识、正统意识、弘道意识3个方面。"道统"一词最早是由南宋思想家朱熹提出的，但道统说的创造人却并非朱熹，而是千百年来众所公认的唐代儒家学者韩愈。

■ 炎帝陵炎帝石像

炎帝心服口服了，他没有听从属下的建议要求再战，而是主动说服部下归附了黄帝。黄帝做了联盟首领，炎帝则主动要求分管农业。

黄帝把联盟治理得非常好，炎帝与黄帝也配合得非常好，在他的领导下，农业经济得到了很大发展，极大地推动了社会的发展。

炎帝在神农时代开创了丰富多彩的原始物质文明和精神文明，由此而形成的炎帝文化与黄帝文化融合为炎黄文化，成为中华文化的源头。

炎帝和黄帝本为兄弟，只是后来分家治理不同的地域罢了，家族的第一原则就是合族，而不是依靠战争征服。炎帝晓明大义，最后将小宗归为大宗，所以从黄帝开始，人们便尊黄帝、炎帝为人文始祖，是华夏道统的象征。

黄帝与炎帝两个部落渐渐融合成了华夏族，两人都是我国民族、文化、技术的始祖，传说他们以及他

们的臣子、后代在上古时创造了几乎所有重要的发明。

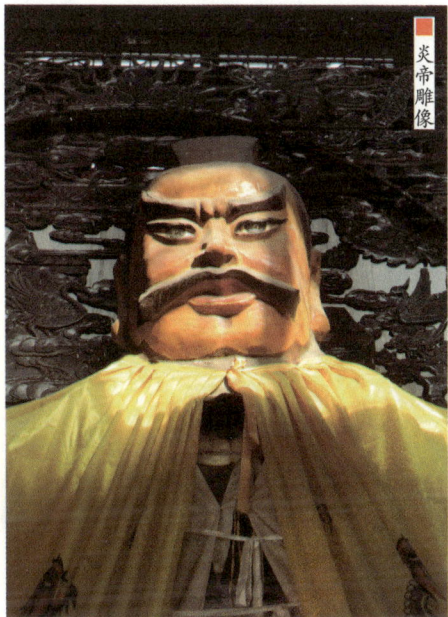

炎帝精神主要是探险精神和奉献精神，以及敢为人先的创造精神。炎帝精神使最早的华夏民族在与自然和社会斗争中，摆脱了愚昧和野蛮，能够追求先进、文明与和平，这种精神使华夏民族获得了高度的团结和统一。

炎黄文化博大精深，绵延不衰，培育了一代又一代的中华儿女，激励着一代又一代炎黄子孙为了中华民族而奋斗不息。炎黄子孙都有着对自己伟大民族和共同祖先的认同感和自豪感，炎黄文化已成为维系炎黄子孙团结友爱的巨大精神力量。

阅读链接

相传，炎帝有一次梦见天堂栽着一种称为"稻"和"谷"的植物，但是，他不知怎样才能把谷种取回来。

有一天，他问身边的狮子狗说："你知道该怎样去天堂找谷种吗？"狮子狗点了点头就到天堂去取谷种。但是，稻谷有天神把守。狮子狗就悄悄地洗了个澡，然后跑到谷堆上打了个滚，把稻谷沾在身上，回到了人间。

炎帝把谷种播种到地里，不久就长出了禾苗，并结出了谷粒。经过反复栽培，越种越多，后来就成了人们的主要食物。

人们为了感谢狮子狗到天堂盗取谷种的功劳，所以每当过"尝新节"时，首先就要祭祀炎帝，然后再给狮子狗一碗新米饭和一块粉蒸肉吃，最后才是自己"尝新"。

气势恢宏的神州第一陵

炎帝与黄帝建立联盟后，炎帝除了分管农业发展外，他继续游历各地，遍尝百草，为民治病疾。有一天，炎帝来到后来的湘赣交界处，他遇上了70多种毒草，他误尝了断肠草，最终殒命了。

炎帝去世后，人们将其用棺木装殓，驾船北上，准备送到炎帝故土安葬。但船行到洣水畔的鹿原陂时，船突然倾翻，不能再行了。

■ 陕西炎帝祠

■ 炎帝陵牌坊

原来这里曾经是天庭里太上老君养神鹿的地方。后来，由于天庭的需要，太上老君把养鹿场迁出了天庭。太上老君看到人间美好，特别是这里的人们勤劳、淳朴、善良，就打算造福人间。

他就把一批神鹿留在了此地，于是这里就叫"鹿原陂"了。从此，这里森林茂密，绿草茵茵，百花四季常开，神鹿成群、迷雾重重，犹如人间仙境。

炎帝尝百草路过此地时，他发现此地奇花异草很多，就经常在此地采药、炼药、配药、验药，并给这里的人看病、治病。

他还用图形或特殊符号把药的形状、性质、用途以及病例一个一个地记载了下来，用来造福百姓。传说，他的很多药方都是太上老君赏赐的，因为炎帝在鹿原陂的所作所为感动了太上老君。

炎帝也很留恋这个地方，当他的棺木行到此处

神鹿 是我国古代神话传说中神仙们最常见的宠物之一，神仙们下凡时经常骑着鹿出现。据说鹿本来是没有角的，是后来玉皇大帝赐给了鹿一对龙角，鹿因此龙角而延长了寿命，因此我国古代认为鹿是一种高贵吉祥的动物，是有神力的。

恢宏的王陵

炎帝陵远景

重檐 我国古代建筑经常出现的建筑形制，是在基本型屋顶重叠下檐而形成的。其作用是扩大屋顶和屋身的体重，增添屋顶的高度和层次，增强屋顶的雄伟感和庄严感，调节屋顶和屋身的比例。有重檐庑殿、重檐歇山和重檐攒尖三大类别。

时，他就不愿走了。人们见此地山环水绕、气象不凡，更因为当地人们的挽留，就在此地下葬了炎帝，并修建了炎帝陵。

炎帝陵坐落于株洲的鹿原陂，当时只是一个简单的陵墓。在洣水河的一湾名叫斜濑水的地方，向东如黛的水墨青山间，纵深绵延一个盆地。

那狭长的盆地之中突兀隆起方圆大约1000米的"翠微高原"，陂上陂下，浑然相连一体的两栋重檐翘角的高大楼宇，金碧辉煌，气势恢宏，这里便是炎帝陵。

斜濑水边，圣陵西侧，一方摩崖石刻"鹿原陂"3个大字，这是后来清道光年间炎陵知县沈道宽手书，笔力千钧，思接千载，传递着深深的"寻根谒祖"的民族感情。

在陂下，便是后来经过修缮的炎帝陵殿。在陂上，便是后来建的公祭区，主体建筑为神农大殿。炎帝陵殿，矗立着炎帝神农氏金身祀像；神农大殿，耸立着炎帝神农氏石雕祀像。

两座炎帝神像尽管风格迥异，意蕴却是一致的。炎帝赫赫"八大功绩"，为神农大殿左、右、后3面墙上巨幅石雕壁画内容：

始种五谷以为民食、制作耒耜以利耕耘、遍尝百草以治民恙、织麻为布以御民寒、陶冶器物以储民用、日中为市以利民生、制弧剡矢以御侵凌、居树造屋以安万民。

陵墓千百年来一直有成百上千的白鹭守卫。每当夕阳西下、彩霞满天的时候，就会有成群结队的白鹭从四面八方飞向炎帝陵，落在参天古木之上。白鹭为什么会世世代代为炎帝守陵呢？

传说炎帝逝世后，不但人间处处哀痛，就连飞禽走兽也都为之悲伤。飞禽们听到噩耗后，立即召集百鸟商讨，如何报答炎帝的大恩大德。因为是炎帝教人们种五谷作为食物后，才使它们得以休养生息并免遭捕杀的。

百鸟决定派出代表前往吊唁炎帝，就让一队白鹤和一组大雁作为飞禽的特使，前往参加炎帝丧礼。白鹤、大雁受命之后，身披白孝服，口念哀悼词，日夜兼程，不停不歇，朝着治丧的地方飞去。

因为天高地阔，路途遥远，白鹤、大雁飞了很久才飞到白鹿原。而这时，炎帝的灵

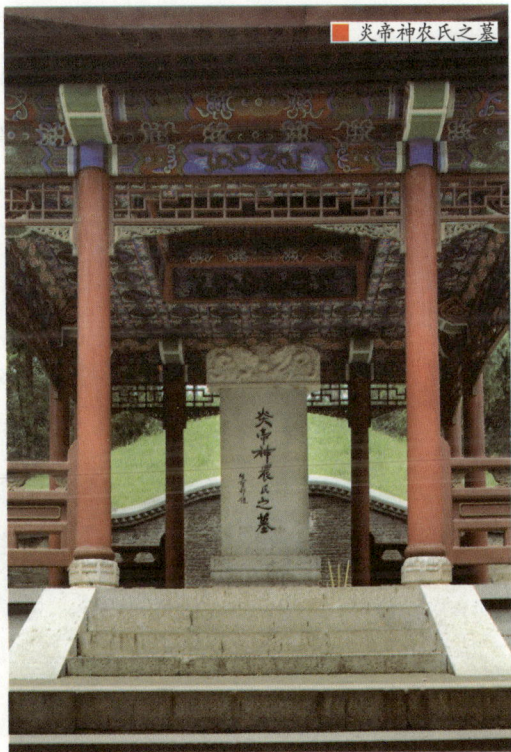

炎帝陵

炎帝神农氏之墓

太仆寺 官名，始置于春秋。秦、汉沿袭，为九卿之一。是我国古代负责管理安排皇帝出行所使用的车马的最高机关，同时也负责对皇宫之中所有官用马匹的牧养、训练、使用和采购等的管理。分设为天、地、春、夏、秋、冬六官。

枢早已安葬完毕，它们责备自己没有赶上葬礼，就在炎帝陵前天天哀哭。

它们这样虔诚地哀痛感动了玉帝，玉帝下旨给它们正式取名为"白鹭"，并命它们作为天使守卫炎帝陵。所以，炎帝陵的白鹭总是特别多。后人见此奇观，曾作诗歌颂。诗道：

口碑同赞神农业，乔木轻摇太古春。
白鹭护陵花锦簇，苍梧云气共嶙峋。

神农功德同天地，鹿原有幸葬炎帝。
千古遗风说到今，白鹭虔心守炎陵。

我国历朝历代对炎帝陵的维护和修缮都很重视。在汉代，就开始了对炎帝陵的祭祀。

967年，宋太祖钦命在炎帝陵前立庙。同时诏禁

■ 炎帝陵一景

樵采、置守陵户。此后历朝历代，对炎帝陵祭祀、修葺不断。

1186年，衡州守臣刘清之鉴于炎帝陵的炎帝庙比较小，于是奏请朝廷，要扩大规模，重建炎帝庙。

在宋代以后至元代近百年间，朝廷只有祭祀炎帝陵的活动，而没有诏修炎帝陵庙的记载了。到了明代，有关炎帝陵庙的修葺史书记载颇详，较大规模的修葺就有3次：

第一次是1370年，明太祖朱元璋即位后，便诏命遍修历代帝王陵寝，由此炎帝陵庙也得到了一次全面修葺。

第二次是1524年，由酃县知县易宗周主持。这次是在原庙旧址上拓宽兴建，基本上改变了旧庙原貌。

第三次是1620年。酃县县令派人于路旁募款，发起重修。新庙规模虽因循旧制，但面貌大为改观。

到了清代，对炎帝陵庙的修葺有据可查的有9次。1647年，南明将领盖遇时部进驻炎陵，屯兵庙侧，炎帝陵庙遭到破坏。之后，当地官民士绅及时进行了补葺，但当时修葺未能完善。

1696年，清圣祖康熙帝派遣太仆寺少卿王绅前到炎帝陵告灾致祭。王绅见陵庙破损严重，就回朝廷奏请修葺，康熙帝准奏。由酃县知县龚佳蔚督工，整修一新，但是未能恢复前代规模。

1733年，知县张浚动用国帑，按清王朝公布颁行的古帝王陵殿统

齐天鼻祖炎帝塑像

一格式重建，陵庙也统称陵殿而正其名。

这次修建，奠定了炎帝陵殿的基本形制，形成了"前三门、行礼亭、正殿、陵寝"的四进格局。整座陵殿为仿皇宫建筑，气势恢宏，体现了我国古代建筑的传统特色。

1837年，是清朝最大的一次修复炎帝陵，由知县俞昌会主持、当地士绅百姓募资捐款所进行的一次重修。重修工程自孟夏开始，年底竣工，费时8个月有余。

这次重修后的炎帝陵殿，高大宽敞，金碧辉煌，庄严肃穆，蔚为壮观，各附属建筑，依山傍水，错落有致，与主殿相辉相映，形成了一个统一的整体，也为炎陵山增添了无限秀色。

后又经过多次修缮，重修后的炎帝陵殿，规模较前稍有扩大，整个建筑占地面积3800多平方米。

炎帝陵殿位于炎陵山西麓，是炎帝陵景区的主体景点，沿陵墓南北纵轴线均衡对称布局，坐北朝南，南临洣水，南北长73米，东西宽40米，面积4936平方米，建筑面积903平方米。

陵殿外修复了咏丰台、天使馆、鹿原亭等附属建筑。整个建筑金碧辉煌，重檐翘角，气势恢宏，富有民族传统风格。

■ 黄帝陵咏丰台

陵园保持了浓郁的建筑风格，红墙黄瓦，古木参天，庄严肃穆，气势恢宏。陵殿分为五进：

第一进为午门，拱形石门，高4米、宽2.6米，门前为边长50米的朝觐广场，左右分列为拱形戟门和长方形掖门，门扇均为实榻大门。

午门正中，有一块汉白玉石碑，前嵌盘龙龙陛，取名龙盘虎踞，是天下一统、江山稳固之意。石碑的左右分立雄健的山鹰和白鹿花岗岩石雕。

关于这两座石雕，还有一个故事。相传炎帝的母亲叫女登，有一天晚上，她梦见天上的太阳落在怀里，感到又温暖又舒服。一年零八个月后，女登生下一个红球，红球在地上滚了几滚之后裂开，中间坐着一个胖乎乎的男孩，他就是后来的炎帝。

有一天，女登和大家一起去采果实，便把孩子放在一块大石头上，让孩子晒太阳。谁知孩子睡醒后，感到又热又饿，便"哇哇"大哭起来，哭声惊动了山中的生灵。

这时，岩鹰飞了过来，为孩子遮阴扇凉。接着，山鹿也跑过来，为孩子喂奶。孩子歇阴纳凉，吃着鹿奶，甜甜地睡着了。此后，每当女登离开孩子时，鹰和鹿都会很快过来照顾护理。因此，人们认为鹰和鹿也是炎帝的母亲。

■ 炎帝陵午门 即南门。我国古代所有的建筑物都是非常讲究八卦方位的，尤其是皇家的陵墓。陵殿尤其要布局工整，不能犯忌讳。由于用十二时辰象征方位，午就相当于陵殿的南方。古代皇族认为南字音同难，不吉利，因此都把南门称为"午门"。

庑殿 又称四阿殿、五脊殿，庑殿建筑屋面有四大坡，前后坡屋面相交形成一条正脊，两山屋面与前后屋面相交形成4条垂脊，是我国古代建筑中最高形制的一种形式，象征着至高无上，是我国古建筑中皇家建筑专用的建筑形式。

炎帝去世后，为了纪念炎帝的3位母亲，人们就雕刻了石鹰、石鹿，安放在炎帝墓冢左右，和炎帝同等祭祀。

967年修建炎帝庙时，就将石鹰、石鹿移放在主殿前方的左右两侧了。

第二进为行礼亭，是炎黄子孙奉祀始祖的地方。这里采用庑殿顶，前后檐各四柱落脚的三开间长方亭，面宽14.03米，进深5.53米，亭高8.33米，正上悬挂着一块写着"民族始祖、光照人间"的匾额，亭前嵌双龙戏珠龙陛，取名双龙起舞，是盛世逢年、天下太平之意。

亭中设置香炉、烛台，供人们进香祭拜行礼之用。行礼亭左右为卷檐硬山式碑房，收集了历代告祭文残碑8通。

■ 炎帝陵前的石狮

第三进为主殿，殿前的龙陛为汉白玉卧龙浮雕，卧在炎帝陵前，似走非走，取藏龙卧虎、皇权至上至尊之威。陵殿门额高悬着一块写着"炎黄子孙、不忘始祖"的匾额。

陵殿是重檐歇山顶，面宽21.16米，进深16.94米，占地358.5平方米，殿高19.33米，由30根直径0.6米的花岗岩大柱按四排前廊式柱网排列支撑，上下檐为单翘昂头五彩斗拱，正脊檐角饰鳌鱼兽吻。

殿内天花饰以金龙和玺、龙草和玺、龙凤和玺及旋子式、苏式等彩绘，共绘彩龙9999条。陵殿之中有须弥座神龛，里面供着炎帝神农氏的金身祀像，祀像的两手分执谷穗、灵芝，身前是药篓，左右为木雕蟠龙边柱。

■ 炎帝陵石刻

第四进为墓碑亭，采用四角攒尖式屋顶，檐角高翘，高7.1米，长宽各6.4米，亭内也有一块汉白玉墓碑，写着"炎帝神农氏之墓"。

第五进为墓冢，墓冢封土高5.58米，进深6.64米，宽28.9米，墓前的石碑为清道光七年（1827年）知县沈道宽所书的。

在墓碑亭两侧，有拱门道路可通往御碑园。园内古松参天，气象万千。

碑园的东西两侧是碑廊，全长84米，壁上镶嵌明清御祭文碑51通，自宋代以来的历史时期有代表性的记事碑5通，共56通。其中保存最久的御祭文碑是1371年，朱元璋登基时的告祭文碑。

御碑园的中心是九鼎台，台面外圆内方，圆台直径18米，方台9.999米。主台上有9尊花岗石方鼎，每尊1.2吨。九鼎是我国古代最高权力的象征，寄寓了祖

匾额 匾额是古建筑的必然组成部分，相当于古建筑的眼睛，把我国古老文化流传中的辞赋诗文、书法篆刻、建筑艺术融为一体，集字、印、雕、色之大成，以凝练的诗文、精湛的书法、深远的寓意，指点江山，评述人物，是我国独特的民俗文化精品。

恢宏的王陵

■ 炎帝陵九鼎台

国统一、民族昌盛之意。

在炎帝陵殿中轴线东侧的是神农大殿，面宽37米，进深24米，高19.6米，由大殿、东西配殿、连廊和两个四方亭组成，大殿外廊挺立着10根高浮雕蟠龙石柱，高5.4米，直径0.8米，蟠龙栩栩如生。

大殿中央座立炎帝石雕祀像，一手拿谷穗，一手握耒耜，雕像高9.7米，座长8.9米，宽4.7米。雕像两旁立有一对联石柱，上面写着：

到此有怀崇始祖；

问谁无愧是龙人。

九龙戏珠 在我国古代传统观念中，九是非常尊贵的数字，龙也是最祥瑞的神兽，因此九龙意为龙生九子，是至高无上的福气。古人认为珍珠光辉灿烂，很像从东方升起的太阳，四大神兽中龙又代表着东方，因此龙戏珠也有崇拜太阳的意思。

神农大殿的左、右、后3面墙是大型广东红砂岩石雕壁画，画高5.2~7.9米，总长53米，总面积321平方米，壁画内容为歌颂炎帝十大功德。

大殿平台的踏步间，是一块高浮雕九龙戏珠御路石，长3.2米，宽2.8米，厚0.7米，由福建青石整石雕制，重约17吨。

神农大殿以南是祭祀广场。祭祀广场南端的两侧和大殿平台的边上，是双面雕刻百草图案的花岗岩栏板，主要是纪念炎帝遍尝百草、发明医药的雕刻。

二级平台正中，立有一只高浮雕九龙戏珠的石制圆形香炉，高0.98米，直径1.2米，为公祭敬香或焚帛书用；两边立有一对整石雕琢的福建青石香炉，高3.9米，直径1.5米，单重24吨，堪称中华之最。

祭祀大道的东边是圣火台，台高40米，台中央立有高3.9米，体积为31立方米的褐红色点火石，正面刻有1.5米高的朱红象形体"炎"字。

台面三层呈宝塔形，每层高0.6米，直径分别为9米、6米、3米的梯形圆台，底层铺设花岗岩石板，外护正方形花岗岩石栏板，边长100米，取天圆地方之义。

帛书 又名缯书，是我国古代写在以白色丝帛为书写材料的绢帛上的文书。帛书是我国战国时期独有的文书，帛书的内容大部分以古代楚文书写，还配有插画，讲究的是笔法圆润流畅，直有波折，曲有挑势，于粗细变化之中显其秀美。

■ 炎帝陵炎帝石像

炎帝陵圣火台

在圣火台上可远眺炎帝陵殿、神农大殿的全貌，能够领略炎陵山恰似卧龙饮水之势。

陵区内还有龙珠桥，由3座拱桥组成，中间是主桥，宽6米，两边是边桥，宽3米，桥栏板雕刻的是古代乐器图案，分别如琴、筝、竽、笙、笛、箫、云板、编钟、月琴和琵琶。

还有一个朝觐广场，是个正八边形的广场，中轴距离48米，按"乾、坎、艮、震、巽、离、坤、兑"嵌入了"八卦"图案，是纪念炎黄发明了"重八卦为六十四卦"。

阅读链接

相传神农氏炎帝因误食断肠草而毒发身亡后，跟着他一起采药的胡真官，按照他生前交代的死后葬在南方的嘱托，决定将炎帝的遗体安葬在资兴汤市。

举行葬礼的那天有很多人来送葬，几十个运送遗体的人，坐10条木排，溯米水而上。沿河户户点火，表示哀悼。

当木排到了鹿原陂，人们正准备上岸改走旱路时，忽然天上乌云滚滚，河里跃出一条金龙向炎帝遗体点头哀吟。接着轰隆一声，江边的一块巨石开了坼，一个大浪将炎帝遗体卷进石头缝里去了。送葬的人个个吓得不知如何是好。

天上的玉皇听到这个消息后大怒，认为炎帝神农氏劳苦功高，不应该葬在水里，大骂金龙不知好歹，决定要处罚它。

于是把金龙化为石头，龙脑变成龙脑石，龙爪变为龙爪石，龙身变为白鹿原，龙鳞变为原上的大树，永远护卫炎陵。

唐高宗乾陵

乾陵修建于公元684年，因为它处于古代都城的西北方向，即八卦中的乾位，所以叫作"乾陵"。

乾陵位于陕西咸阳境内的梁山上，气势雄伟壮观，陵墓原有内外两重城墙，4个城门，还有献殿阙楼等宏伟的建筑物。

乾陵有"历代诸皇陵之冠"和"睡美人"之称，是我国历史上唯一的女皇帝武则天与唐高宗李治的夫妻合葬地。

李治与武则天先后执政

李治，字为善，生于公元628年，是唐太宗李世民的第九个儿子，其母亲是文德顺圣皇后长孙氏。

李治在631年被封为晋王，后因唐太宗的嫡长子皇太子李承乾与嫡次子魏王李泰相继被废，643年，他被册立为皇太子。

武则天画像

649年，李治在长安太极殿登基。李治是个体察民情的皇帝，早在即位初年，就立志要做中兴英主，以建成大唐的盛世基业。

李治在元老重臣的辅佐下，恭勤国事，礼贤下士，认真执行太宗皇帝的贞观遗规，垦殖荒田，推行均田制，发展科举制度。在当时，人口迅速增加，朝廷政治清明，经济繁荣昌盛，人们安居乐业，对外势力甚至发展到了中亚地区。

李治有知人之明，他身边诸多贤臣如有辛茂将、卢承庆、许圉师、杜正伦、薛元超、韦思谦、戴至、张文瓘、魏元忠等人，大多是他亲自提拔的。

其中，韦思谦曾受褚遂良打击，杜正伦曾被唐高宗的先皇唐太宗李世民冷落，但李治却没有对他们另眼相看，反而知人善用，开创了有贞观遗风的永徽之治。

在李治还是太子的时候，就结识了武则天。太宗驾崩后，武则天出家了，李治又把她接回宫中封为昭仪，后来又册封武则天为皇后。

根据史书记载，李治长期有头痛与眼疾，到了晚年，眼睛几乎全盲，曾请御医秦鸣鹤医治。秦鸣鹤主张进行针灸医治，李治同意了。针灸虽然在短时间内确实有效，但仍无法根治李治的病痛。

李治在位34年，于683年驾崩，享年55岁，庙号高宗，谥号天皇大帝。

唐高宗李治本性仁慈、低调、俭朴，不喜欢大兴土木，不信方士长生之术，不喜游猎。但是，在高宗病痛期间的朝政，则有赖于武则天执掌治理。

武则天生于624年，是唐朝功臣武士彟的小女

■ 乾陵碑

皇太子 又叫太子，储君的一种，是我国皇帝正式继承人的封号，通常被授予的对象是皇帝之子。皇太子的地位仅次于皇帝本人，拥有自己的、类似于朝廷的东宫。东宫的官员配置完全仿照朝廷的制度，还拥有一支类似于皇帝禁军的私人卫队。

唐乾陵远景

儿。据说武则天小时候就显露出了与众不同的特质。当时，名闻天下的星相家袁天罡曾到武家赴宴。

席间，武家人请求他相面。袁天罡看了武则天的妈妈杨氏的面相后，说："夫人骨法非常，必生贵子！"

这时，乳母抱着武则天走了出来。袁天罡上前审视了一会儿，让乳母把她放在地上走走看。武则天走了几步，袁天罡又让她抬头看，观察了一会儿后，袁天罡又惊奇又遗憾地说："这个孩子生有龙睛凤颈，相貌也是伏羲之相，是极其尊贵的人啊！只可惜她是女孩，如果是男孩的话，是可以当君王的啊！"

637年，也就是武则天14岁时，唐太宗李世民听说她极其美貌，就把她召入后宫，赐号为"武媚"。652年，武则天又被唐高宗封为"昭仪"，后来成为皇后。

被古代文献形容为"素多智计、兼涉文史"的武皇后，很快就显露出她超人的才华和精明强干的治国能力，得到了高宗皇帝的极大信任与依赖。

660年，唐高宗风疾发作，让武则天处理朝政。于是，武则天向唐高宗建议，允许她一块上朝，临朝听政，这使她的政治经验和影响力进一步得到增强。

武则天还建议唐高宗，让他用"天皇"称号，自己则自称为"天后"。"天皇"唐高宗和"天后"武则天被人们合称为二圣。

后来，唐高宗的身体每况愈下，繁重的国事必须由武则天来决断。于是，武则天又有了新的想法。674年，武则天提议高宗以孝顺的名义，追封了所有的先皇祖宗。

追尊唐高祖李渊为神尧皇帝，李渊的皇后窦氏为太穆神皇后，追尊唐太宗李世民为文武圣皇帝，长孙皇后为文德圣皇后。

不仅如此，武则天还上书唐高宗，提出了12条改革措施，向全天下颁布了她的政治纲领。后来人们一般把武则天的政治纲领叫作建言十二事。这12件事分为四方面：

第一方面施惠天下，切实减轻人们负担。劝课农桑，轻徭薄赋。停止对外作战，减少公共工程。把京城百姓的徭役给免了。

■ 唐乾陵神道

第二方面，优待百官。从提高官员的待遇入手，给八品以上的官员涨工资，给才高位卑、长期得不到晋升的中下级官僚升官。

第三方面，提高母权。武则天提议当时的人们，如果母亲去世，父亲还在世，也要为母亲守孝3年。

第四方面，端正风气。一是王公以下的人都要学习《老子》；二是提倡节俭，要求服务于宫廷的手工业作坊停止生产奢侈品。古代皇后的裙子一般是13个褶，可是为了提倡节俭，武则天穿的却是只有7个褶的裙子。

这个建言十二事使武则天的威望更加提高了。675年，唐高宗患的风眩症更加厉害了，他便与大臣们商议，准备让武皇后摄政。

宰相郝处俊劝谏道："陛下为何不把先皇们辛苦打拼下的江山托付给皇族后裔，却要拱手让给天后呢！"

唐高宗听了之后，不再商议了。武则天得知此事后，就召集了一些文学之士撰写了《列女传》《臣轨》《百僚新戒》《乐书》等著作约千余卷。并且密令参决百官疏奏，用来分走宰相郝处俊的权力。不久，高宗下诏：

■ 唐乾陵神道石狮子

朕方欲传位皇太子，而疾速不起，它申往命，加以等名，可兹为孝敬皇帝。

唐高宗同时诏令：武后摄政。676年，改元仪凤，布施大赦天下。由此开始，直至高宗驾崩，武则天全面掌控了朝政。

唐乾陵神道石雕

在683年至690年的这段时间里，武则天作为唐中宗、唐睿宗的皇太后临朝称制，后自立为皇帝，并定都洛阳，改称神都，建立了武周王朝。在武则天统治的近50年间，唐朝的社会政治、经济和文化得到了蓬勃发展。政策稳当、兵略妥善、文化复兴、百姓富裕，所以有"贞观遗风"的美誉。

阅读链接

相传，有人曾向唐太宗进贡了一批良驹。在良驹之中，唯有一匹叫狮子骢的未被驯服。唐太宗非常喜爱狮子骢，就悬赏重金找能驯服这匹马的人，很多人都来尝试，却都没能成功。

武则天知道此事后，就对唐太宗说："请先用铁鞭打它；如果不服，就用铁锤接着锤；还不服，则用匕首杀了它。"

唐太宗笑着说："照你这么说，朕的良驹不被你刺死了？"武则天进一步解释道："良驹应该成为君主的坐骑。驯服了就用，驯不服的话，留它又有何用呢？"

一帝一后的合葬安息地

　　乾陵位于陕西咸阳城北6000米的梁山上，梁山是圆锥形石灰岩山体，共有3座山峰，北峰最高，海拔约1000米。乾陵就在梁山的北峰之上，是陕西关中地区唐十八陵之一。

　　由于唐初时，唐太宗李世民从他与长孙皇后的昭陵起，开创了

■ 唐乾陵神道

■ 乾陵

"因山为陵"的葬制，并将陵墓由建筑群与雕刻群相结合，参差布置于有"龙盘凤翥"之势的山峦之上。而唐高宗与武则天的乾陵，完美地发展、完善了昭陵的形制。

乾陵陵园仿唐都长安城的格局营建，分为皇城、宫城和外郭城，其南北主轴线长达4.9千米。乾陵陵园"周八十里"，原有城垣两重，内城总面积240万平方米，置四门，东为青龙门，南为朱雀门，西为白虎门，北为玄武门。

从乾陵头道门踏上石阶路，共有537级台阶。走完台阶就是一条平宽的道路直至"唐高宗陵墓"碑，这条道路便是"司马道"。

司马道的两旁，端立首位的是一对高达8米有余的八棱柱石华表，这是帝王陵墓的标志，昭示着生命长存。

白虎 我国古代传说中的四大神兽之一，传说白虎具有避邪、禳灾、祈丰及惩恶扬善、发财致富、喜结良缘等多种神力。白虎象征着威武和军队，也是战神。根据五行学说，它是代表西方的灵兽，因西方属金，色白，所以叫白虎，代表的季节是秋季。

袍服 我国古代时期的礼服，一般是官员相聚、女子出嫁或出席重要场合时的服饰。袍服的制作十分考究，装饰也非常精美。皇族的贵妃和公主所穿的袍服，花纹更是别出心裁。袍服在秦汉时期是军服，用粗麻缝制，能起到防御箭镞穿射的作用。

■ 乾陵六十一蕃臣像

挨着华表的是一对昂首挺胸、浑圆壮观的翼马，马身两翼雕以卷云纹，似有腾飞之势。翼马之北是一对优美的高浮雕鸵鸟，是唐王朝同西域文化交流与友好往来的象征。

紧挨着鸵鸟的是5对配有驭手的石仗马和10对高4米左右的石翁仲。传说翁仲姓阮，是秦朝镇守临洮的大将，威震夷狄。秦始皇树翁仲像于咸阳宫司马门外，后世的帝王遂以翁仲石像守卫陵园。司马道旁另有宾王像61尊，石狮一对。

在这些石像当中，那61尊宾王石像，大小和真人差不多，人们习惯上把这些石像称之为"蕃像"，也称"六十一蕃臣像"。

这些与真人大小相仿的石人，穿着打扮各不相同，有袍服束腰的，也有翻领紫袖的。但他们都双双并立，两手前拱，姿态极为谦恭，仿佛在这里列队恭

六十一蕃臣
Statues of 61 Foreign Officials

■ 乾陵神道旁的石翁仲 翁仲原本指的是匈奴的祭天神像，大约在秦汉时代就已经被汉人引入关内，当作宫殿的装饰物。初为铜制，号曰"金人""铜人""金狄""长狄""遐狄"，后来却专指陵墓前面及神道两侧的文武官员石像，成为我国两千年来上层社会墓葬及祭祀活动重要的代表物件。除了人像外，还包括动物及瑞兽造型的石像。

迎皇帝的到来。

但最为奇怪的是，这些石像都是没有脑袋的，可是乾陵原本不该用这些没有头的石像守陵的。有种说法是，这些石像的头部是在明朝被毁掉的。

据说，在明朝初期，有个外国使节到乾陵去游玩，发现自己祖先的形象立在这里给唐朝的皇帝守陵，觉得有损了自己国家的国格，就想把这些石像给毁了。但是他又怕引起当地民众的不满，于是便想到了一个妙计。

这个外国使节每天晚上都到乾陵附近的庄稼里践踏，然后在第二天又和附近的人们说，石像在晚上会成精，正是它们糟蹋了庄稼。如果想保护好庄稼和粮食，就必须把这些石像消灭掉，砍掉它们的脑袋，让它们不能再出来祸害庄稼。当地人认为这个外国使者说得非常有道理，于是一气之下便把这些石像的脑袋给砍掉了。

在明朝末年，一些诗人描写乾陵的诗句中，出现了"赤马剥落离倒旁"的诗句，说的就是乾陵的立马和石像都纷纷地倒在了地上。

诗中所描述的石像倒地的情景，似乎和民间的传说在时间上有相近之处。

后来，人们认为可能是自然灾害给这些石像带来了灾难。1556年

升龙 我国古代有关于龙的纹饰图样之一，头在上尾在下的是升龙。状如行走的是行龙，云气环绕的是云龙，腾空而起的是飞龙，盘成圆形的是团龙，头部呈正面的是祥龙，头部呈侧面的是望龙，尾在上头在下的是降龙。

的一天，陕西的华县发生了强烈地震，而乾陵距华县只有100多千米，同样属于震中地带，因此遭受到了毁灭性的打击。据人们推断，这场地震就是造成这61座石像头部断裂的主要原因之一。

司马道尽头就是写着"唐高宗乾陵"的墓碑，墓碑高2米，是陕西巡府毕源为唐高宗所立的。这通墓碑的右前侧是写着"唐高宗李治与则天皇帝之墓"12个大字的另一块墓碑。另外在南门外，还有为高宗皇帝和武则天歌功颂德的《无字碑》和《述圣记碑》。

无字碑在司马道东侧，与述圣纪碑相对。无字碑是在唐朝时立的，由于没有铭刻任何文字，因此被称为"无字碑"。

无字碑通身取材于一块完整的巨石，高7.53米，宽2.1米，厚1.49米，总重量约有100吨，碑身用一块完整的巨石雕成。

无字碑的两侧有升龙图，各有一条腾空飞舞的巨龙，高4.12米，是线刻而成，龙像是正腾飞于天，栩栩如生。

碑座阳面还有线刻的狮马图，长2.14米，宽0.66米，马屈蹄俯首，温顺可爱；雄狮昂首怒目，十分威严。碑上还有许多花草纹饰，线条精细流畅。整个无字碑高大雄浑，雕刻精美。

无字碑碑额没有碑名，碑额阳

■ 乾陵无字碑

■ 乾陵前的鸵鸟石雕

面正中是一条螭龙，碑身左右侧各4条，共有9条螭龙，故亦称"九龙碑"。这几条螭龙巧妙地缠绕在一起，鳞甲分明，筋骨裸露，静中寓动，生气勃勃。

武则天精心设计的这块无字碑，在人们的眼中不仅是乾陵的象征，更是女皇武则天的象征。至于无字碑上为何无字，有3种说法：

第一种是"德大说"。认为，武则天立无字碑是用以夸耀自己，以女子称帝，"功高德大"，难以用文字表达，所以立白碑，表示自己的伟大已远非文字所能表达。

第二种是"愧疚说"。认为，武则天立无字碑是因为自知罪孽重大，感到还是不写碑文为好。

第三种是"遗言说"。认为，武则天是一个有自知之明的人，临终前遗言："己之功过，留待后人评说。"故不铭一字。立无字碑是聪明之举，功过是非让后人去评论，这是最好的办法。

自从宋金以后，就开始有人题字于无字碑，使无字碑成为有字碑。在经历了元、明、清各个朝代后，碑上逐渐镌刻了许多文字，不

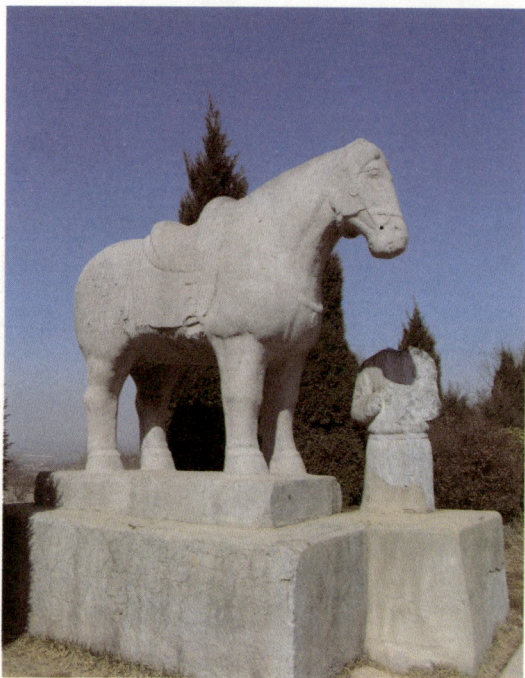

■ 唐乾陵石马

仅在内容上自然形成了评价武则天的"碑文"，而且在书法上真、草、隶、篆、行五体皆备。

但是，由于年代久远，其中唯有1135年《大金皇弟都统经略郎君行记》保存比较完整，这是用女真文字刻写的，旁边还有汉字译文。由于女真文字后来绝迹了，因此，碑上的文字成为研究女真文字和我国少数民族历史文化不可多得的珍贵资料。

述圣纪碑，位于司马道西侧，与无字碑相对，是由武则天亲手篆刻、唐中宗李显亲笔书写的，为高宗歌功颂德的一通功德碑。

述圣纪碑为方形，高7.53米，每边宽1.86米，重约89.6吨。述圣纪碑的顶、身、座共7节，表示日、月、金、木、水、火、土，寓意李治的文治武功光照天下，因此也叫作"七节碑"。

述圣纪碑记述了唐高宗的文治武功，开辟了帝王陵前立功德碑的先例。述圣纪碑碑身五节除第一块和第四块无字外，其余三块的正面及东西两侧均刻有字。

述圣纪碑的正面碑文，文体为骈体文，原文46行，约120字，共约6000字，都是楷书，每个字笔画间都"填以金屑"，闪闪发光，照耀陵园。后来因年

玉兔　我国神话传说中，居住在月宫里的白色兔子，是嫦娥的化身。传说嫦娥因私自奔月而触犯了天庭的法规，于是玉帝将嫦娥变成了玉兔，每到月圆时，玉兔就要在月宫里为天神捣药以示惩罚。也有传说认为玉兔是嫦娥的宠物。

代久远，金屑自然脱落，文字也大多剥蚀，仅第一、二、五石存留的1500多字还依稀可辨。

根据述圣纪碑的记载，唐高宗的临终遗言是，将他生前所珍爱的书籍、字画等全部埋入陵中。武则天营建乾陵的目的是为了报答唐高宗的知遇之恩，因此，乾陵必定是一个满藏无价瑰宝的地宫。

根据对乾陵地宫的探测，结合已发掘的乾陵陪葬墓和有关文献，可以推测出乾陵墓是由墓道、过洞、天井、甬道和前、中、后3个墓室组成，有耳室。

中室里置了棺床，以放置皇帝的"梓宫"，即棺椁。棺椁的底部有防潮、防腐材料，以珍宝覆盖，其上加"七星板"，板上置席、褥，旁置衣物及珪、璋、璧、琥、璜等"六玉"。

唐高宗身穿12套大敛之衣，头枕玉匣，口含玉贝，仰卧于褥上，面朝棺盖。

盖内侧镶饰黄帛，帛上绘日、月、星辰及金乌、玉兔、龙、鹤等物。

地宫的后室设石床，其上放置衣冠、剑佩、千味食及死者生前的喜好之物。前室设有"宝帐"，帐内设神座，周围放置玉质的"宝绶""谥册"和"哀册"。另外在过洞两侧的耳室和甬道石门的前后，放

璧 我国古代一种贵重的玉器，扁圆形，正中有孔，分为大璧、谷璧、蒲璧3类。玉璧是古代贵族所用的礼器，天子在重要的国家祭祀大典中会使用玉璧，贵族也会把玉璧作为信物相互赠送或当成装饰品来标示身份。

■ 乾陵述圣纪碑

乾陵七节碑

置有大量珍贵的随葬明器。

对此，乾陵地宫内可能藏有的文物可以分为六大类：

一是金属类，有金、银、铜、铁等所制的各类礼仪器、日常生活用具和装饰品、工艺品等；二是陶、瓷、琉璃、玻璃等所制的器物、人物和动物俑类；三是珊瑚、玛瑙、骨、角、象牙等制成的各类器具和装饰物；四是石质品，包括石线刻、石画像、人物及动物石雕像、石棺椁、石函和容器；五是壁画和朱墨题刻；六是纸张、典籍、字画、丝绸和麻类织物，漆木器、皮革和草类编织物等。

营建乾陵时，我国正值盛唐，国力充盈，陵园规模宏大，建筑雄伟富丽，因此，乾陵堪称"历代诸皇陵之冠"。

阅读链接

武则天在感业寺清修时，曾经容颜憔悴、风华渐失。有一天，她偶然得知蜂花粉可以养颜抗衰。从此，武则天不仅早、晚以蜂花粉为食，而且还用鸡蛋清调匀蜂花粉用来敷面。

时间一天天过去，武则天的气色渐渐变好，甚至比以前更加青春艳丽。容光焕发的武则天用她美丽的容貌、聪慧的头脑重回皇宫，并最终成为我国历史上唯一的女皇。

武则天认为蜂花粉功不可没，从此对蜂花粉情有独钟，于是长期食用蜂花粉，视蜂花粉为美容圣品。因此，后来的许多绝世佳人也都用蜂花粉来美容养颜。

明十三陵

明十三陵坐落在北京昌平境内的燕山山麓的天寿山，总面积120多平方千米。

明十三陵是我国明朝皇帝的墓葬群，地处东、西、北三面环山的小盆地之中，陵区周围群山环抱，中部为平原，陵前有小河曲折蜿蜒，山明水秀，景色宜人。

13座皇陵均依山而筑，分别建在东、西、北三面的山麓上，形成了体系完整、规模宏大、气势磅礴的陵寝建筑群。

十三陵是我国乃至全天下规模最大、帝后陵寝最多的一处皇陵建筑群。

世界文化遗产
WORLD CULTURAL HERITAGE

明十三陵
THE MING TOMBS

气势壮观的明代皇家陵

　　明十三陵是明朝在迁都北京后的13位皇帝陵墓的总称，依次建有明长陵、明献陵、明景陵、明裕陵、明茂陵、明泰陵、明康陵、明永陵、明昭陵、明定陵、明庆陵、明德陵、明思陵，因此称为"明十三陵"。

　　明十三陵位于北京昌平的天寿山上，天寿山属太行余脉，太行山北起泽州，蜿蜒绵亘北走千百里山脉不断，至居庸关，万峰矗立回翔盘曲，天寿山就在此拔地而起。

明十三陵大红门

天寿山西的山峰崇高正大，雄伟宽宏，主势强力，它西通居庸，北通黄花镇，南向昌平州，不仅是陵寝的屏障，更是京师的北屏。

■ 天寿山山峰

明末清初时的学者顾炎武曾写诗描述这里的优胜形势说道：

> 群山自南来，势若蛟龙翔，东趾踞卢龙，西脊驰太行，后尻坐黄花，前面临神京，中有万年宅，名曰康家庄，可容百万人，豁然开明堂。

因此，天寿山这一优美的自然景观被视为风水宝地。而天寿山的名字来源还有一个传说。

据说，明成祖朱棣从1407年就开始为自己的陵墓选址，直至1409年才选定，这期间的两年里，礼部曾收到许多人提出的陵址提案，但都被明成祖朱棣否定了。

顾炎武 是我国明代著名思想家、史学家、语言学家，与黄宗羲、王夫之并称为明末清初三大儒。顾炎武学问渊博，在国家典制、郡邑掌故、天文仪象、河漕、兵农及经史百家、音韵训诂等学术方面都有研究。

后来，有人提议了昌平的黄土山。朱棣亲自前去查看地形时，看见山前有座康家坟的村子，西边有个橡子岭山，东面的河套叫作"干水河"。

因为自己的姓和"猪"是一个音，所以朱棣很高兴，认为猪到了这里，有糠、橡子吃，还有泔水喝，是朱家万世发展的吉地，于是当即下旨定黄土山为陵址，封为"万年吉壤"。

恰好这一年是明成祖50大寿之年，于是又将黄土山改名为"天寿山"。

建立在天寿山上的明十三陵，既是一个统一的整体，各陵又自成一个独立的个体，陵墓规格大同小异。每座陵墓分别建于一座山前。

陵与陵之间的距离最少的有500米，最多的有8000米。除了明思陵偏在西南一隅外，其余的12个皇陵都分列于长陵左右。

明十三陵从1409年开始营建，第一个是明成祖朱棣的长陵，到清顺治元年，也就是1644年时，营建了最后一个陵墓，明毅宗朱由检的思陵。这期间经历了230多年。

十三陵内共葬有皇帝13位，皇后23人，皇贵妃一人以及数十名殉葬皇妃。陵寝区域内除了13个皇帝陵外，还有明朝皇妃墓7座，太监墓

■ 十三陵雕刻

一座，以及行宫、神宫监、祠祭署等若干附属建筑。

十三陵陵寝红墙黄瓦、楼殿参差，建得大气磅礴，甚至可以比拟皇宫，显示出我国明朝时皇帝的尊崇地位和君临天下的浩大气势。

在我国传统风水学说的指导下，明十三陵从选址至规划设计，都十分注重陵寝建筑与大自然山川、水流和植被的和谐统一，追求形同"天造地设"的完美境界，用以体现"天人合一"的观点。

明十三陵作为我国古代帝陵的杰出代表，展示了我国传统文化的丰富内涵。

阅读链接

十三陵的石兽和石像都是有伤痕的。但是专门雕刻出来为皇帝守陵的，贵重又坚硬的石像本来是不应该有伤痕的。关于这个不解之谜，当地人有个传说。

据说，清朝的乾隆皇帝曾打算把十三陵的石人、石兽搬走，放在自己的坟地前面，于是，乾隆就命令宰相刘墉去组织搬运石像。宰相领了圣旨，就来到了十三陵。他走到石人、石兽前面，越看越爱，舍不得搬走。

到了晚上，石像们显灵了，集体要求刘墉不要搬走它们。于是，刘墉就决定损害石兽和石像们的一部分，让石像变得残缺一些。因为石像受到损害，变得残破不全了，乾隆皇帝就因此打消了搬运石像的念头。因此，十三陵的石像和石兽们最终得以留存。

各具特色的明代十三陵

　　明十三陵是我国历代帝王陵寝建筑中保存得比较好的一处。它的神路由石牌坊、大红门、牌楼、石像生、龙凤门等组成。

　　石牌坊为陵区前的第一座建筑物，建于1540年。牌坊结构为五

■ 明十三陵五牌坊

楯、六柱、十一楼，全部用汉白玉雕砌，在额枋和柱石的上下，刻有龙、云图纹及麒麟、狮子等浮雕。这些图纹上原来曾饰有各色彩漆。

整个牌坊结构恢宏，雕刻精美，反映了明代石质建筑工艺的卓越水平。

过了石牌坊，即可看到在神道左、右有两座小山。东为龙山也叫"蟒山"，形如一条奔跃腾挪的苍龙，西为虎山，状似一只伏地警觉的猛虎。龙和虎分列左右，威严地守卫着十三陵的大门，我国古代道教也有"左青龙，右白虎"为祥瑞之兆的传说。

大红门是陵园的正门，坐落于陵区的正南面，门分3座洞，又名"大宫门"。大红门两旁原各竖一通石碑，上面刻着"官员人等至此下马"的字样。凡是前来祭陵的人，都必须从此步入陵园，以显示皇陵的无上尊严。大门两侧原设有两个角门，并连接着长达40千米的红色围墙。

大红门后的大道，叫"神道"，也称"陵道"。

青龙 我国古代传说中的四大神兽之一，根据五行学说，它是代表东方的灵兽，为青色的龙，青龙的方位是东、左，代表春季；白虎的方位是西、右，代表秋季；朱雀的方位是南、前，代表夏季；玄武的方位是北、后，代表冬季。

■ 明十三陵神道

神道起于石牌坊，穿过大红门，一直通向长陵，原本是为长陵而筑，但后来渐渐成为全陵区的主陵道。这条神道全长7000米，纵贯陵园的南北，沿线设有一系列建筑物，错落有致，蔚为壮观。

在神道中央的是碑亭，碑亭是一座歇山重檐、四出翘角的高大方形亭楼，为长陵所建。

亭内竖有龙首龟趺石碑一通，高6米多。上题"大明长陵神功圣德碑"，碑文长达3500多字，是明仁宗朱高炽撰文，明初著名书法家程南云所书。该碑碑文作于1425年，碑石却是1435年才刻成的。

在碑的北面还刻有清代乾隆皇帝写的《哀明陵十三韵》，详细地记录了明长陵、明永陵、明定陵、明思陵诸陵的残破情况。碑东侧是清廷修明陵的花费记录。西侧是嘉庆帝论述明代灭亡的原因。

碑亭四隅立有4根白石华表，其顶部均蹲有一只异兽，名为望天犼。华表和碑亭相互映衬，显得十分庄重浑厚。在碑亭东侧，原建有行宫，为帝后前来祀陵时的更衣处，后来都不存在了。

陵前放置的石雕人、兽，古称石像生。从碑亭北的两根六角形的石柱起，至龙凤门止的千米神道两旁，整齐地排列着24只石兽和12个石人，造型生动，雕刻精细，其数量之多，形体之大，雕琢之精，保存之好，也是古代陵园中罕见的。

石兽共分6种，每种4只，均呈两立两跪状。将它们陈列于此，赋有一定含义。例如，雄狮威武，而且善战。獬豸为传说中的神兽，善辨忠奸，惯用头上的独角去顶触邪恶之人。麒麟是传说中的"仁兽"，表示吉祥之意。骆驼和大象，忠实善良，并能负重远行。骏马善于奔跑，可为坐骑。石人分勋臣、文臣和武臣各4尊，为皇帝生前的近身侍臣，均为拱手执笏的立像，威武而虔诚。

在皇陵中设置这种石像生，早在2000多年前的秦汉时期就有了。主要起装饰点缀作用，以象征皇帝生前的仪威，表示皇帝死后在阴间也拥有文武百官及各种牲畜可供驱使，仍可主宰一切。

棂星门又叫"龙凤门"。由4根石柱构成3座门洞，门柱类似华表，柱上有云板、异兽。在3个门额

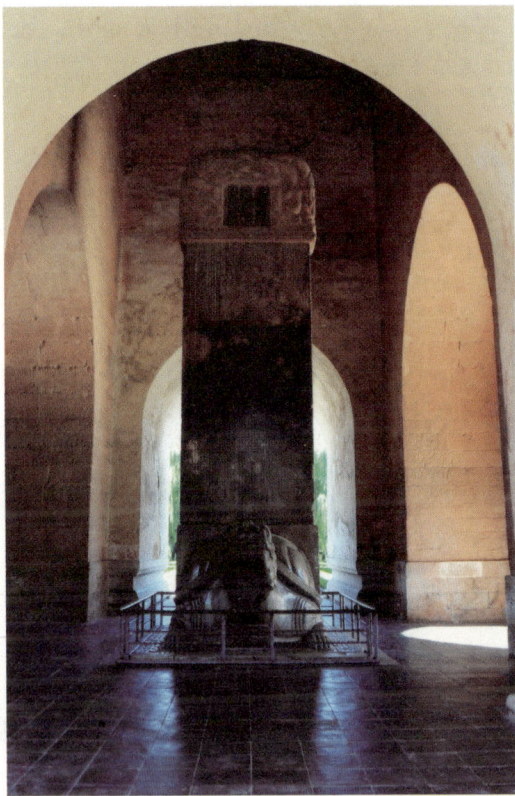

■ 明十三陵龙首龟趺石碑

望天犼 也叫"犼"，传说其是龙王的儿子。望天犼总是对着天空咆哮，是一种极有灵性的动物，它每天蹲在华表上密切关注皇帝的行踪。每当皇帝久出不归，荒淫作乐时，它们就会呼唤皇帝。如果皇帝久居宫中，不理政事，它们便会催促皇帝出宫体察民情。

恢宏的王陵

■ 明十三陵通道

枋上的中央部分，还分别饰有一颗石雕火珠，因而该门又称"火焰牌坊"。

龙凤门西北侧，原来建有行宫，是帝后祭陵时的歇息之处。

明长陵位于天寿山主峰南麓，是明朝第三位皇帝成祖文皇帝朱棣和皇后徐氏的合葬陵寝。是十三陵中建筑规模最大，营建时间最早，地面建筑也保存得最完好的陵墓，也是十三陵中的祖陵。

明长陵的陵宫建筑，占地约12万平方米。其平面布局呈前方后圆形状。其前面的方形部分，由前后相连的三进院落组成。

第一进院落，前设陵门一座。其制为单檐歇山顶的宫门式建筑，面阔5间，檐下额枋、飞子、檐椽及单昂三踩式斗拱均系琉璃构件，其下辟有3扇红券门。陵门之前建有月台，左右建有随墙式角门。

院内，左边是神厨，右边是神库，各有5间，神厨之前建有碑亭一座。

第二进院落，前面设殿门一座，名为祾恩门。据《太常续考》等文献记载，天寿山诸陵陵殿名为"祾恩殿"，殿门名之为"祾恩门"，是在1538年，明世宗朱厚熜亲自改的。其中，"祾"字取"祭而受福"之意，"恩"字取"罔极之恩"意。

帝陵杰作

明十三陵

明长陵的祾恩门为单檐歇山顶形制，面阔5间，进深两间，正脊顶部距地面高14.57米。檐下斗拱为单翘重昂七踩式，其平身科斗拱耍头的后尾作斜起的杆状，与宋清做法皆不相同。室内明间、次间各设板门一道，稍间封以墙体。

其中明间板门之上安有华带式榜额，书"稜恩门"3个金字。"稜"字系后世修葺时"祾"字的误写。门下承以汉白玉栏杆围绕的须弥座式台基。其栏杆形制，是龙凤雕饰的望柱，和宝瓶、三幅云式的栏板。

台基四角及各栏杆望柱之下，各设有排水用的石雕螭首。台基前后则各设有三出踏跺石台阶。其中路台阶间的御路石上雕刻的浅浮雕图案十分精美。

下面是海水江牙云腾浪涌，海水中宝山矗立，两匹海马跃出水面凌波奔驰，上面是两条矫健的巨龙在云海中升降飞腾，追逐火珠，呈现出一派波澜壮阔的雄伟景象。

恢宏的王陵

照壁 也称影壁，是我国传统建筑中用于遮挡视线的墙壁。影壁也有其功能上的作用，那就是遮挡住外人的视线，即使大门敞开，外人也看不到宅内。影壁还可以烘托气氛，增加住宅气势。影壁可位于大门内，也可位于大门外，前者称为内影壁，后者称为外影壁。

■ 明十三陵之永陵

祾恩门两侧还各有掖门一扇，都是随墙式琉璃花门，门上的斗拱、额枋，门顶的瓦饰、椽飞均为黄绿琉璃件组装，在红墙的映衬下格外分明。院内，北面正中位置建有高大巍峨的祾恩殿。

这座大殿在明清两代，是用于供奉帝后神牌和举行上陵祭祀活动的地方。

明献陵是明朝第四代皇帝明仁宗昭皇帝朱高炽和皇后张氏的陵寝，是在仁宗驾崩后开始修建的。仁宗临终曾遗诏要求陵墓制度要简约节省。

于是，明仁宗的儿子明宣宗亲定陵园规制，并委派成山侯王通、工部尚书黄福总理修陵事宜。为了遵从遗嘱，一切从简，仅用了3个月的时间就建成了明献陵。

建成后的献陵，陵寝制度确实比较俭朴。其神道从长陵神道北五空桥北分出，长约1000米。途中建有单空石桥一座。路面为中铺城砖，两侧墁碎石为散水，十分俭朴，没有单独设置石像生、碑亭等建筑。

■ 明十三陵之献陵

陵宫建筑与长陵比较，同样非常俭朴。其朝向为南偏西20度，占地42 000平方米左右。其陵殿、两庑配殿、神厨均各为5间，而且都是单檐建筑，祾恩门则仅为3间，方城、明楼不仅不像长陵那样高大，而且城下券门改为更简单的直通前后的形式。因此照壁也没有设在券洞内，而是改设在了方城之后，墓冢之前。

上登明楼的礓石察量路则改为设于宝城之内的方城左右两侧。由于献陵陵制不追求奢华，所以有"献陵最朴，景陵最小"之说，而且这样的简朴风格也为后来的皇帝建造陵墓树立了楷模。

明献陵还有一个特点，这就是祾恩殿和方城明楼在院落上彼此不相连属。前面以祾恩殿为主，建有一进院落，殿前左右建两庑配殿和神帛炉。

院的正门，是祾恩门，也即陵园的大门，门前出大月台，院后设单座门一道。后面以宝城、明楼为主，前出一进院落。院内建两柱棂星门、石供案。院门为3座单檐歇山顶的琉璃花门。

两院之间，隔一座小土山就是影壁山。之所以选择中隔小山这种布局，是与陵园的风水有关。

恢宏的王陵

■ 明十三陵武官像

献陵宝城前的这座小山，名为"玉案山"，它从陵园左侧延伸而来，是献陵的龙砂。因其屈曲环抱陵前，所以，又是献陵的近案。

风水中，"龙喜出身长远，砂喜左右回旋"，"龙虎环抱，近案当前"，当论内明堂格局。献陵玉案山以及龙砂、虎砂和来山范围内的小格局，正是风水师们所讲究的完美的内明堂格局。

因为修建献陵时，只在明堂范围之内修建了宝城、明楼和一进院落，所以举行祭祀仪式的祾恩殿就建在了玉案山前。

这样的设计不仅解决了献陵明堂地域面积小，建不下宝城和前面两进院落的问题，维护了"龙砂不可损伤"的风水信条，而且使陵园山重水复、殿台参差，形成了和谐统一的美。

献陵的陵寝建筑在1785年至1787年间曾得到修缮。在修缮中，明楼的外形未改，但内部木构梁架改成为条石券顶结构。方城下的甬道被封死，右侧增筑了一道可由方院上登宝城的礓石礤路。

两庑配殿及神厨等附属建筑大多被拆。祾恩门则缩小了间量，而且顶部由歇山式改成了硬山式。神功圣德碑亭被拆除了四壁，仅于台基之上，石碑的四周砌以齐胸高的宇墙。

■ 明十三陵之景陵

明景陵是明朝第五代皇帝明宣宗章皇帝朱瞻基与皇后孙氏的合葬陵寝。

景陵的营建始自1435年农历正月十一，由太监沐敬、丰城侯李贤、工部尚书吴中、侍郎蔡信等奉命督工。1435年6月21日，宣宗入葬景陵。

1536年时，后来的明世宗朱厚熜亲阅长、献、景三陵，见景陵规制狭小，就对从臣郭勋等人说："景陵规制独小，又多损坏，其于我宣宗皇帝功德之大，殊为勿称。当重建宫殿，增崇基构，以隆追报。"

根据《帝陵图说》的记载，这次重建后的景陵增建了神功圣德碑亭，祾恩殿则是"殿中柱交龙，栋梁雕刻，藻井花鬘，金碧丹漆"，殿中有暖阁三间，黼座地屏一直流传至后来的康熙年间。

后来的景陵内的祾恩殿台基，仍是嘉靖年间改建后的遗物。从遗存的明代殿宇檐柱础石分布可以看

内明堂 我国风水学术语，指的是穴山的前方，左龙右虎环抱之内的平夷之地。内明堂是指大门进来的空间，大门开在生旺位，纳入走廊空间里的能量，这种不可见的有生旺力量的生物能就是风水中说的"生气"，风水学认为内明堂的布置会影响财运。

出，该殿原制面阔5间，进深3间，后有一间抱厦，前面的御路石雕二龙戏珠图案，比献陵一色云纹，显得更为精致壮观。

明裕陵是明朝第六位皇帝明英宗朱祁镇和皇后钱氏、周氏的合葬陵寝。

明茂陵是明朝第八代皇帝明宪宗纯皇帝朱见深和王氏、纪氏、邵氏3位皇后的合葬陵寝。茂陵的陵名定于1487年9月15日，同日，嗣皇帝明孝宗朱祐樘下旨建陵。

陵址由礼部右侍郎倪岳及钦天监监正李华等人卜定，由内官监太监黄顺、御马监太监李良、太傅兼太子太师保国公朱永、工部左侍郎陈政奉命提督军士工匠营造。

茂陵陵寝工程在1488年4月24日竣工，共用了7个多月的时间。陵寝制度大体如裕陵，但宝城内琉璃照

■ 明十三陵之茂陵

■ 明十三陵神道上石马

壁后面设有左右两个方向的踏跺，可上登宝山，又与其他各陵均不相同。

茂陵的陵园制度也遵守了献陵的节俭制度。茂陵的神道从长陵神道北五空桥南向东分出，长约1.5千米，途中建单空石桥一座。陵宫朝向为南偏西55度，占地约25 000平方米。宝城因地势修成前方后圆的修长形状。前面的两进方院和后面的宝城连成一体。

中轴线上依次修建祾恩门、祾恩殿、三座门、棂星门、石供案、方城、明楼等建筑。

明泰陵是明朝第九代皇帝明孝宗敬皇帝朱祐樘及皇后张氏的合葬陵寝，在明孝宗去世之后才开始筹建。根据古籍记载，孝宗的儿子武宗即位后，就开始着手筹办孝宗的丧事。

当时，礼部左侍郎李杰、钦天监监副倪谦和司礼监太监戴义都对武宗说："茂陵西面有个叫施家台的

钦天监 也叫"司天台"，是我国古代官署名。钦天监负责观察天象，推算节气，制定历法。由于历法关系农时，加上古人相信天象改变和人事变更直接对应，钦天监的地位十分重要。

明十三陵石碑

地方，是个建陵的吉地，大行皇帝的陵寝可以在那营建。"

于是，工部的许天锡也向武宗建议，派廷臣中精通风水学术的人，前去复视一次。

他还提议说："如有疑，亟移文江西等处。广求术士，博访名山，务得主势之强，风气之聚，水土之深、穴法之正、力量之全，如宋儒朱熹所云，庶可安奉神灵，为国家祈天永命之助。"礼部也赞成了这个提议。

于是，武宗命太监扶安、李兴、覃观及礼部右侍郎王华等人前往看视，最后确定在施家台营建孝宗陵寝。

1505年6月5日，陵园正式兴工，并定陵名为"泰陵"。历时4个月后，玄宫落成，于该年10月19日中午将孝宗葬入陵内。在1506年3月22日时，陵园的地面建筑也全部告成。

按记载，整个泰陵的陵寝建筑包括：

金井宝山城、明楼、琉璃照壁各一所，圣号石碑一通，罗城周围为142丈，一字门3座，香殿一座为5室，左右厢、纸炉各两座，官门一座为3室，神厨、奉祀房、火房各一所，桥5座，神宫监、神马房、果园各一所。

泰陵的营建虽然只有10来个月的时间，但不是一帆风顺。据有关资料记载，在开挖玄宫金井时，曾有泉水涌出，并且"水孔如巨杯，仰喷不止"。吏部主事杨子器亲眼看到,马上上奏给朝廷。

在古代的风水观念中,金井出水是不祥之兆。这样一来,泰陵非改址不可。但当时的督工为了避免迁陵墓地址的麻烦,偷偷命人堵住了泉眼。

朝廷里的人始终不知道金井里是出水的,误认为是杨子器说谎。宪宗皇后在宫内听说这件事后,传旨说:"没水就算了,何必要怪罪于人呢!"

因此,杨子器才避免了一场杀身大祸。而宫中其他人却始终不知道泰陵有过这种不祥之兆。

明康陵,是明朝第十代皇帝明武宗毅皇帝朱厚照和皇后夏氏的合葬陵寝。明康陵建于1521年,占地27000平方米,建陵共用时一年,总体布局沿袭前制,呈前方后圆形状。

明永陵是明朝第十一代皇帝明世宗皇帝朱厚熜及陈氏、方氏、杜氏3位皇后的合葬陵寝。但明永陵不

风水学 本为相地之术,也就是临场校察地理的方法,目的是用来选择宫殿、村落、墓地建设等方法。其原意是选择合适的地方的一门学问。风水的历史相当久远,在古代,风水盛行于中华文化圈,是衣食住行的一个很重要的因素。有许多与风水相关的文献被保留下来。由文献中可知,古代的风水多用作城镇及村落选址、还有宫殿建设,后来发展至寻找丧葬地形。

■ 明十三陵之康陵

是在明世宗驾崩后开始修建的。

1528年时，朱厚熜的皇后陈氏崩。当时，世宗命辅臣张璁及兵部员外郎骆用卿等人秘密为陈皇后，也为自己选择将来的陵地。

骆用卿在嘉靖年间以通晓风水学闻名，他来到天寿山后，外观山形，内察地脉，为世宗选择了橡子岭和十八道岭两处吉壤。随后，世宗就带领从臣和钦天监官员到骆用卿为他选定的两处吉壤察看。

查看之后，朱厚熜还是觉得不放心，就又派人到江西一带找了著名风水师杨筠松、曾文迪、廖三传的后人再次察看。最后才把十八道岭确定为建陵地点。由于明世宗认为十八道岭山的名字不够高雅，就下诏将其更名为"阳翠岭"。

1536年4月22日，也就是在明世宗皇帝登基后的第十五年，明永陵开始动工修建了。世宗皇帝亲自主

■ 明十三陵之永陵明楼

■ 明十三陵之永陵

持了祭告长陵的典仪，武定侯郭勋、辅臣李时奉命总理山陵营建事宜。大约经过多年的经营，永陵营建大体告成。

明永陵与前七陵相较，有许多独特之处。首先，是规模宏大。在古代，陵园规模的大小，取决于陵园殿庑、明楼及宝城规则。

按照我国明代典章制度以行政法规为主的官修书《大明会典》的记载，永陵宝城直径为270米，祾恩殿为重檐7间，左右配殿各9间，其规制仅次于长陵，而超过献、景、裕、茂、泰、康六陵制度。其祾恩门面阔5间则与长陵相等，其后仅定陵与之同制。

另外，明永陵的方院和宝城之外，还有一道前七陵都没有的外罗城，其制"壮大，甃石之缜密精工，长陵规划之心思不及也"。外罗城之内，左列神厨，右列神库各5间，还仿照深宫永巷之制，建有东西长

《大明会典》
简称《明会典》，是记载我国明代典章制度以行政法规为主的官修书。《大明会典》在1497年3月开始修编，共有180卷，主要根据明代官修《诸司执掌》《皇明祖训》《大明集礼》等书和百司之籍册编成，记载典章制度十分完备。

街。按照《明世宗实录》的记载，世宗皇帝是想把自己的妃子们也葬在自己的陵园内，于是，夏言等人设计了外罗城，以便将皇妃们埋葬于外罗城之内，其布葬的位置则拟在"宝山城之外，明楼之前"，也就是明楼前左右宫墙之外，左右相向，依次而袝。

后来，世宗的皇妃们的墓室虽然没有按原议定的方案修在外罗城内，但外罗城还是按照原定计划进行修建了。

明永陵的砖石结构的明楼，造型新颖的圣号碑，别具一格的宝城城台设计，以及宝城墙花斑石垒砌的城垛，还有祾恩殿、祾恩门"龙凤戏珠"图案的御路石雕，都是以前的各陵没有的。

在1785年至1787年时，明永陵得到了修整。当时明永陵的祾恩门和祾恩殿虽然有些毁坏，但由于其大木构架尚无大损，负责修陵的大臣金简、曹文埴等人本应建议按原制修缮，可是，鉴于十三陵修缮范围较大，至乾隆年间时，楠木已经采伐殆尽，若仍照旧式修整，则长陵、永陵两处购求大木更难办理的情况，经过商议，金简提出了一个拆大改小的建议。

明十三陵之康陵

于是，永陵的祾恩门、祾恩殿因此全部被缩小规制建造。祾恩殿由面阔7间，进深5间缩为面阔5间，进深3间；殿顶由重檐式改为单檐式，祾恩门，由面阔5间，进深两间，缩为面阔3间，进深3间，但是单檐歇山顶的形制未变。

明昭陵是明朝第十二代皇帝明穆宗庄皇帝朱载垕及其3位皇后的合葬陵寝。昭陵的陵寝制度在十三陵中属中等规模，其神道从长陵神道七空桥北向西分出，长约2000米，途中建有五孔、单孔石桥各一座。

近陵处建碑亭一座，亭后建并列单孔石桥3座。陵宫建筑，朝向为南偏东38度，占地约34600平方米。其总体布局也呈前方后圆之形，宝城前设两进院落，方城下甬道做直通前后的方式，以及祾恩殿、配殿为5间，祾恩门为3间的规制均如泰、康诸陵制度。

昭陵的最大特点是率先形成了完备的"哑巴院"制度。明代的帝陵，尤其是从献陵至康陵前后六陵，宝城内的封土都是从宝城内环形排水沟以内开始夯筑"宝山"的，其形状呈自然隆起之态，被称之为"甬道平，宝城小，冢半填"。

但昭陵宝城内的封土填得特别满，几乎与宝城墙等高，正中筑有上小下大的柱形夯土墓冢，封土的前

■ 明十三陵之永陵

曹文埴 是魏武帝曹操的嫡脉后裔。是清朝的重臣，曾担任翰林院侍读学士，后来又成了左都御史，还执掌过刑部、兵部、工部、户部，兼任顺天府府尹。曹文埴同时是《四库全书》的总裁官之一。

奏章 我国古代时期，大臣向皇帝进言或汇报事情时所使用的文书，是大臣和皇帝之间交流的主要途径。在奏章中，大臣可以向皇帝表达自己对于朝政的意见或其他事情的看法或建议等，是否认真批复奏章也是区分一位皇帝是否贤明的重要标志。

部有弧形砖墙拦挡封土，并与方城两侧的宝城墙内壁相接，形成了一个封闭的月牙形院落，俗称为"哑巴院"，院外月牙形的墙体为"月牙城"。

宝城封土的排水系统也十分讲究。宝城为前低后高形式，城内的封土则是中高外低。宝城的内侧设砖墁凹形水槽，左右两侧稍前处又各设方井两眼，井上覆盖凿有漏水孔的水箅子，井下有暗沟前通哑巴院内的两侧排水孔道。

每当下过大雨，封土内的雨水都能从哑巴院两侧的排水暗沟顺利地排出，有效地保证了玄宫上面封土的干燥。这样一来，昭陵的宝城与泰、康等陵宝城模式相比较，显得更加精致壮观。昭陵会采用这种形制，据说起因是因为昭陵宝城培土。据《明神宗实录》记载，1581年5月15日，工部上了一道奏章说：

■ 明十三陵之昭陵哑巴院

明十三陵之昭陵

永陵宝城黄土，自嘉靖十八年以来，至今42年，不为不久，乃十分尚亏其八。

神宗览奏后下旨回应说：

皇祖宝城培土如何40余年尚未完？就这工程重大，若用陵军、班军未免耽延时月，终无完局，依拟通行雇募。朕前恭陵寝，见昭陵宝城也欠高厚，着一体加培，俱不许苟且了事。

这样一来，永、昭两个陵宝城的黄土同时加培，大臣们恐落下"苟且了事"的罪名，自然就按同一规制培筑了。这就是昭陵宝顶与永陵相同，却与长、献、景、泰等陵都不同的原因。

这种形制由于冢前拦土墙的大幅度增高，不仅可以满足以永陵为模式在宝城内填满黄土的需要，而且方城下的甬道和宝城内通向明楼的左右转向礓䃰也可以继续使用，而不致被封土掩埋。这种月牙城、哑巴院的方式为后来的庆、德两个陵所沿用。

昭陵明楼的斗拱，依明朝制度各陵均为上檐单翘重昂七踩斗拱，下檐重昂五踩斗拱。而修葺后的昭陵却变成了上下檐均为单翘单昂五踩斗拱。明楼内还增加了条石券顶。

明定陵是明代第十三位皇帝，明神宗皇帝朱翊钧和他的两个皇后的陵墓。坐落在大峪山下，位于长陵西南方向。1584年至1590年。明定陵的主要建筑有祾恩门、祾恩殿、宝城、明楼和地下宫殿等。明定陵是十三陵中较大的3座陵园之一，地面建筑共占18万平方米。

明定陵早在1584年时开工，历时6年完成。陵墓建成时皇帝只有28岁，在闲置30年之后，直至1620年才正式启用。

明定陵前有三进宽阔院落，后有一座高大宝城。陵的正门前方是3座汉白玉石桥。过了桥是高大的碑亭。亭周围有祠祭署、宰牲亭、定陵监等建筑物300多座。再往后就是陵园最外面的围墙——外罗城。

陵宫的总体布局也呈前方后圆之形，含有我国古代哲学观念"天圆地方"的象征意义。其外围是一道将宝城、宝城前方院一包在内的

■ 明十三陵之定陵

外罗城。外罗城仅前部正当中轴线位置设宫门一座，即陵寝第一道门。其制，黄瓦、朱扉、设券门3道。

外罗城内，偏后部位为宝城。宝城之前，在外罗城内设有三进方形的院落。

第一进院落，前设单檐歇山顶式陵门一座，制如外罗城门，为陵寝第二道门，又称"重门"。其左右各设有随墙式掖门一道。院落之内无建筑设施，院落之前（外罗城之内）左侧建有神厨3间，右侧建有神库3间。

第二进院落，前墙之间设祾恩门。其制面阔5间，进深两间，下承一层须弥座式台基。台基之上龙凤望柱头式的石栏杆及大小螭首设置齐备。前后还各设有三出踏跺式台阶。

第三进院落，前墙间建有陵园最主要的殿——祾恩殿。其形制为重檐顶，面阔7间，进深5间，下承须弥座式台基一层，围栏雕饰同祾恩门。台基前部出有月台。

月台前设三出踏跺式台阶，左右各设一出。殿有后门，所以台基的后面也设了一出踏跺式台阶。

其中，后面一出踏跺及月台前中间一出踏跺设有御路石，刻着龙凤戏珠及海水江牙的图案。祾恩殿左右各设随墙式掖门一座。院内沿中轴线设有两柱牌楼门就是棂星门一座，石几筵一套。

牌楼门的两柱做出头式，白石雕成、截面为方形，顶部雕龙，前后戗以石抱鼓。石几筵由石供案和石供器组成。石供案做须弥座式，石供器由一座香炉、两座烛台、两座花瓶组成。形制如长、永等陵。

由于宝城的隧道门设在了宝城墙的右前方，帝后棺椁在享殿内举行"安神礼"后，必须途经外罗城内能进入宝城的隧道门入葬玄宫，同时考虑到建筑的对称性，在第三进院落左右两墙又对称地设有随墙式掖门各一座。

此外，定陵外罗城之前，左侧还建有宰牲亭、祠祭署，右侧建有神宫监、神马房等附属建筑。定陵卫的营房则建于昌平城内。其中，定陵祠祭署的建筑布局是，中为公座，后为官舍，前为门。神宫监有重门厅室，房屋多至300余间。

明庆陵是明朝第十四代皇帝明光宗贞皇帝朱常洛和皇后郭氏、王氏、刘氏的合葬陵寝。庆陵的地下玄宫自1621年3月定穴营建，7月29日合龙门，历时4个月。工程质量精细，除玄宫全部用石料外，其"后、中、前殿"，有"重门相隔"。1626年，地面建筑完工。

庆陵的陵园建筑由神道、陵宫及陵宫外附属建筑3部分组成。神道上建单空石桥一座。近陵处建神功圣德碑亭遗作，亭内竖碑，螭首龟

■ 明十三陵之庆陵

跌，无字。

庆陵宫建筑总体布局呈前方后圆形状，占地约27000平方米。前面有两进方院，彼此不相连接，在两进院落之间有神道相连，并于第一进院落后建单孔石桥3座。

第一进院落，以祾恩门为陵门，单檐歇山顶，面阔3间。院内建祾恩殿及左右配殿各5间，神帛炉两座。

第二进院落，前设3座门，内建两座牌楼门及石供案，案上摆放石质香炉一个，驻泰、花瓶各两个。方院之后为圆形宝城，在宝城入口处建有方形城台，城台之上建重檐歇山式明楼。

明楼内竖圣号碑，上刻"大明""光宗贞皇帝之陵"。明楼后宝城内满填了黄土，中央夯筑上小下大的圆柱形体为宝顶，底部直径约28米。

冢前拦土墙与宝城墙等高，并与宝城城台及两侧墙体围成一个平面近于"月牙"形状的院落——哑巴院，院内有随墙式琉璃照壁。零工外还有一些附属建筑，如宰牲亭、神厨、神库、祠祭署、神宫监、朝房、果园、榛厂、神马房等。

庆陵的排水系统也很有特色。

对于宝城两侧山壑间的流水，其他各陵都是用明沟排水的方式从陵前绕道排出。而庆陵则是在明楼前修建了一个平面近似"丁"字的地下排水涵洞。

宝城两侧的水流从左右宫墙下的地下涵洞流入，在明楼前的地下汇合后向前排出，从地下躲过环抱于前的龙砂，然后注入砂前的排水明沟，经祾恩殿后的3座石桥，从前院的右侧绕过陵前注入河槽。

明德陵是明代皇帝熹宗朱由校和皇后张氏的合葬陵寝。位于陵区西南隅鹿马山南麓，是明朝最后一帝明毅宗朱由检及皇后周氏、皇贵妃田氏的合葬陵墓。

清朝入主中原后，为收买人心，笼络汉族地主阶级为清廷效力，于是将这座葬有崇祯帝后的妃子坟命名为"明思陵"，并在改葬崇祯帝后，营建了地上园寝建筑。

明十三陵依照我国传统风水理论精心选址，将数量众多的建筑物巧妙地安置于地下。十三陵建造体现了我国古代传统的建筑和装饰思想，阐释了我国传统文化的丰富内涵，是我国古代帝陵的杰出代表。

阅读链接

在十三陵之中，定陵的石碑背面右上角有一块白圆形的痕迹，清晰可见。在当地百姓中流传着"定陵月亮碑"的神奇传说。

据说有一天，神宗正在昏睡中，忽然梦见一个红脸、红发的人来到眼前，对他说："我是火神爷，奉上天之命来把你那定陵烧个一干二净！"

神宗听罢大怒，说："要是将来定陵遭到火烧，让我现在就瞎一只眼。"

话音刚落，火神爷竟哈哈大笑而去，一转眼就没影了。神宗吓了一跳，从梦中惊醒，不久就驾崩了。

入葬定陵时，神宗的右眼睛始终睁着，下人怎么摆弄也不能合上。等到神宗遗体安葬完毕，有人发现，定陵石碑背面的右上角立即出现了一个白圆形的东西。

据说这个白圆形的东西是神宗的右眼变的，因为他怕火神爷真的要来烧他的陵。

清东陵

清东陵坐落在河北省遵化西北部马兰峪的昌瑞山，是清朝三大陵园中最大的一座。清东陵共有帝陵5座，世祖顺治帝之孝陵、圣祖康熙帝之景陵、高宗乾隆帝之裕陵、文宗咸丰帝之定陵、穆宗同治帝之惠陵。

此外，孝庄文皇后昭西陵、慈禧太后的普陀峪定东陵及慈安太后的普祥峪定东陵也建于此。

清东陵占地78平方千米，是我国现存规模最宏大、体系最完整、布局最得体的帝王陵墓建筑群。

清东陵的曲折发展历史

在距离北京125千米的河北省遵化，有个地方叫马兰关，也被称为"马兰口"。它地处长城隘口，北临兴隆县，南与马兰峪相望，东傍雄山，西倚关城。

马兰关地处交通要塞，是自古以来兵家的必争之地。

明代时，马兰关建有东西两个城，东城周围约770米，连垛高6米

清东陵遗迹

多，有城门两座。南门名"马兰谷关"，西门无字。
西城周围约500米，高5米至6米不等。

有城门两座，东城门名"永镇"，南城门名"建
安"。东西两城的北面都靠倚万里长城，东、西两城
之间那段长城是一个城口，名为"正关城口"。

至清顺治年间，年轻的顺治皇帝也像以往的皇帝
那样，早早地给自己选择陵址。

据说清朝祖制，皇帝登基的同一天，就要派出大
臣，会同钦天监官员，外出寻找"万年吉壤"。当时
派出的是江西术士陈壁珍，可他找了两年多，却没有
找到中意的地方。

有一次，顺治帝带着随从狩猎，来到遵化马兰
峪，走到一个高阜时，顺治帝勒马四顾，看到凤台山
苍松翠柏，岗峦起伏。

而昌瑞山又蔚然深秀，明丽喜人，特别是这里的
层峦叠嶂的山峰若起若伏，又有石壁峭立，俨然一扇
门的样子，其势可纵可合，顿感王气葱郁，有龙蟠凤
翥的感慨，使他不禁驻足浏览。

王气 又叫"天
子气"或"帝王
气"，是我国古
代风水学的瑞气
中最高贵、最难
得的一种。王气
里面是红色，外
面呈黄色，看起
来是正四方的形
状。风水学认
为，王气与天地
相通，可以上天
入地，出神入
化，出现王气的
地方，就会有天
子。

■ 顺治皇帝画像

于是，顺治骑在马上便说道："此山王气葱郁，可为朕寿宫。"清世祖的孝陵陵址就这样定在马兰峪凤台山了，清东陵的陵墓工程也就这样开始了。

后来，钦天监刻漏科杜如预、五品挈壶杨宏量等人，专门又去了昌瑞山凤台岭相看地形地貌，勘测地质、水文状况，进行总体设计，他们都对当地可作为最佳陵墓的风水宝地惊叹不已。

后来，有个风水先生路过此处，他惊讶地说："即使命令我们踏遍四海，也难寻找到这样一块万年吉地。"

按风水先生的说法，这里是"四出之山，生八方之龙，如万马自天而下"。

东陵地方，龙脉来于太行，连接燕山，势如巨波。山如五魁站班，指峰佛手。所依的昌瑞山，前有金星峰，似朱雀翔舞，后有分水岭，若玄武垂头，左有鲇鱼关，青龙蜿蜒，右有黄花山，白虎麒祥。

左右两水，分流夹绕，天地邂逅，龙虎交牙，烟炖、天台两座山对峙，形成天然关隘，称为兴隆口，确实尽得风水之吉。

按选陵的规矩，随行的堪舆大臣、钦天监官员要用木锨在地上挖个磨盘大的圆坑，叫作"破土"，这个圆坑叫作"金井"，然后在圆坑上盖一个斛形的木

龙脉 我国古代风水学把绵延的山脉称为龙脉。古代风水术首推的地理五诀，就是龙、穴、砂、水、向。相应的活动是觅龙、察砂、观水、点穴、立向。而龙就是山的脉络，土是龙的肉、石是龙的骨、草木是龙的毛发。

箱，使金井永远见不到日、月、星三光。

再以金井为中心，支搭一座高约43米，圆径200米的大圆席棚，是为避免三光照射，挡住飞鸟遗屎。

顺治皇帝是清朝入关后的第一个皇帝，他信仰佛教。在顺治皇帝当政时，常常把和尚召进皇宫，和他们研讨佛门理论。由于顺治皇帝笃信佛教的灵魂升天说，因此曾多次嘱咐大臣说，自己驾崩后务必要实行火葬。

1661年的时候，这位佛门天子因病驾崩了。大臣们不敢违背顺治皇帝的遗旨，破例为他举行了火葬。要是完全按照佛教的讲究来说，教徒死后是要靠宝塔来代替墓室的。

可是尽管顺治皇帝信佛，却始终自认为是一位真龙天子，仅仅一个宝塔是绝对不够纪念他的，也不够显示皇家的威严。

于是，大臣们经过认真的讨论，决定不建宝塔，

朱雀 因为有从火里重生的特性，也叫"火凤凰"，是我国古代传说中的四大神兽之一，是一种代表幸福的灵物，又有说是由佛教的大鹏金翅鸟变化而成的。根据五行学说，它是代表南方的神兽，代表的颜色是红色，代表的季节是夏季。

■ 清东陵神道

礼制 是我国古代时期重要的社会意识形态之一。我国历史悠久，拥有5000年文明，号称"礼仪之邦"，其中的重要组成部分就是礼制。礼制是礼仪与法律相结合的概念，通过礼仪定式与礼制规范塑造人们的行为与思想，通过法律的惩罚维护礼法的权威。

而是仍然按照传统的皇家礼制标准，为顺治皇帝兴建一个大型的陵墓，而且陵墓的建制和规模也要和自古以来的其他皇陵一样。

但由于火葬的原因，陵墓中将无法存放一个完整的龙体，而是一个盛着顺治皇帝遗体骨灰的骨灰罐。由此，清孝陵是清东陵中的第一座帝陵，也是我国唯一的一座只有皇帝遗体骨灰的皇帝陵。

在1661年，也就是顺治皇帝去世的那一年，陵墓开始动工修建，与顺治皇帝合葬的还有孝康章皇后佟佳氏和孝献端静皇后董鄂氏。

至1664年，清孝陵的主体工程告竣了。

1668年，营建神功圣德碑亭。

1674年，康熙皇帝的嫡皇后孝诚仁皇后崩逝，康熙皇帝下令开始筹建景陵。

1676年，景陵破土兴工。

■ 清东陵景陵

■ 清景陵棂星门

在1681年孝诚、孝昭两位皇后入葬时，景陵隆恩殿还在修建之中。与此同时，埋葬康熙帝纪嫔的景陵妃园寝已经完工了，成为清王朝在关内修建的第一座妃园寝。

1688年康熙皇帝遵照祖母遗命，在风水墙外，大红门东侧建造暂安奉殿。在孝庄文皇后的暂安奉殿建成后不久，康熙皇帝就决定在孝陵东侧为顺治皇帝的孝惠章皇后兴建陵寝，这座陵墓约于1693年建成。

这是清王朝营建的第一座皇后陵，开创了清代为皇后单独建陵的先例。因位于孝陵东侧，又与孝陵为同一体系，因此名为"孝东陵"。

1722年，康熙皇帝驾崩。与康熙帝同葬景陵的有辅政大臣索尼的孙女，也就是孝诚仁皇后赫舍里氏、辅政大臣遏必隆的女儿，孝昭仁皇后钮祜禄氏、佟国维的女儿，孝懿仁皇后佟佳氏、雍正帝的生母，康熙的德妃，孝恭仁皇后乌雅氏和十三皇子怡亲王胤祥的

辅政大臣 由于新皇帝太过年幼或无法执政时，由先皇指定的帮助新皇帝打理朝政的大臣。辅政大臣一般都是曾经跟随先皇多年的忠心耿耿的大臣，又因为新皇帝缺少执政能力，所以辅政大臣在治理朝政的方面也要有过人的能力。

■ 清景陵石像生

生母，敬敏皇贵妃章佳氏。

清景陵是清代五朝在清东陵界内营建的第二座皇帝陵，其建筑规模稍逊于孝陵，局部有所改创，但在建筑规模的总体上还是以孝陵为蓝本。比如说，在圣德神功碑亭内立了双碑，将石像生缩减为5对，改龙凤门为牌楼门等。

清景陵在葬制上也有重大变革，开创了先葬皇后，附葬皇贵妃的制度，另外还摒弃了尸体火化入葬的传统而改为土葬。

清景陵皇贵妃园寝位于距离清景陵大约东南1000米处，建于1739年。清景陵皇贵妃园寝是坐北朝南而建，内葬康熙皇帝的悫惠皇贵妃和敦怡皇贵妃。

在清代本来没有给两位妃子单独建园寝的传统，因此这座皇贵妃园寝是一个特例。虽然入葬的是康熙皇帝的皇贵妃，但这座园寝却是康熙皇帝的孙子，后来的乾隆皇帝为她俩单独修建的。

1772年，当时的皇孙弘历，也就是后来的乾隆皇帝，在宫中生活期间，得到了这两位皇贵妃的精心照料，而这两位妃子在乾隆登基后仍健在，所以乾隆皇帝为表示自己的孝道，回报她俩的抚育之恩，不仅为她俩单独修建园寝，还大大展拓了园寝的规制。

景陵妃园寝位于清景陵东侧500米处，内葬49人，有康熙帝的48位妃嫔和一位皇子。在48位妃嫔

孝道 是我国主要的传统美德之一，是我国传统伦理道德的中心。"孝"在我国古代时期被作为一个伦理观念正式提出，孝的含义主要有尊祖敬宗和传宗接代这两个方面。我国传统孝道也包括要从物质上供养父母，即赡养父母。

中，贵妃1位、妃11位、嫔8位、贵人10位、常在9位、答应9位。这些人均各自为券，其葬位按生前地位而定，地位高者在前，居中，地位低者在后，列两侧。景陵妃园寝是清代内葬人数最多的妃园寝。

孝东陵的墓主人是博尔济吉特氏孝惠章皇后，她是顺治帝生母孝庄文皇后的侄孙女，也是蒙古的科尔沁贝勒绰尔济的女儿。博尔济吉特氏在1654年5月入宫，被顺治册封为妃，6月时又被立为皇后。

顺治帝驾崩时，博尔济吉特氏年仅21岁。因为是顺治皇帝的孝惠章皇后，虽然没有子女，但在康熙皇帝继位后，孝惠章皇后与康熙皇帝的生母孝康章皇后一同被尊为母后皇太后。

孝惠章皇后在1717年农历十二月初六崩，终年77岁，1718年入葬孝东陵。

与孝惠章皇后一同葬入孝东陵的还有7位妃子，

081

石雕宝库

清东陵

■ 清东陵石像生

■ 乾隆裕陵地宫

格格 满语的译音，对贵族女性的称谓之一。一般是把国君、贝勒或者无正式封号的贵族的女儿称为格格。在清代，格格这个称号有时候也被用于尊称其他地位高贵的女性，比如亲王的低阶妾。低阶妾所称的格格地位在侧福晋、庶福晋之下。

分别是恭靖妃、淑惠妃、端顺妃、宁悫妃、恪妃、贞妃和悼妃。此外，孝东陵内还葬有17个格格和4个福晋。虽说她们的封号是格格和福晋，但实际上都属于顺治帝的嫔妃。只是由于清初时，后宫的典制章法还不齐全才使封号混乱了。

孝东陵首开了为皇后单独建陵的体制，其规制是后世皇后陵效法的蓝本。

1723年的时候，雍正皇帝将他的万年吉地确定在遵化境内的九凤朝阳山，并运去了大量的建筑材料。

但至1729年，雍正皇帝改变了主意，以九凤朝阳山"规模虽大而形局未全，穴中之土又带砂石"为由而废置了它，又在河北易县泰宁山下另辟兆域，营建泰陵。自此才有"清东陵""清西陵"之分。

乾隆皇帝弘历继承父祖之业，励精图治，奋发有为，武功精湛，拓疆10000千米，使清王朝达到了极盛时期，是我国历史上享有盛名的贤明君主。

乾隆皇帝即位不久，为报答祖母辈的康熙皇帝的悫惠、惇怡两位皇贵太妃的抚育之恩，特在景陵东旁为她俩单独修建了园寝，称"景陵皇贵妃园寝"，俗称"双妃陵"。

1742年，乾隆皇帝将东陵境内的胜水峪确定为自己的万年吉地作为皇陵，1743年2月破土兴工，1752年完工，1799年定名"裕陵"。

清裕陵明堂开阔，建筑崇宏，工精料美，气势非凡，其规制既承袭了前朝，又有展拓和创新。陵寝建筑，基本上是沿袭明朝十三陵建造，并加以改进。

往北依次为东西朝房、班房、隆恩门、东西燎炉、东西配殿、隆恩殿、陵寝门、二柱门、石五供、方城、明楼、月牙城、宝城、宝顶、周围红墙环绕，与隆恩门相衔接，工精料美，富丽堂皇，其雄伟与豪

■ 清东陵建筑

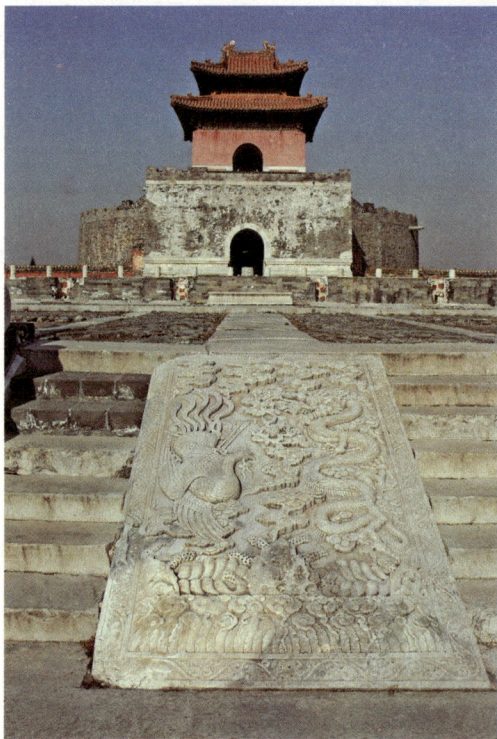

■ 清东陵建筑

华程度令人称奇。

在裕陵的体系中也没有皇后陵，只有一座妃园寝依附于裕陵之侧。裕陵妃园寝中的一石一瓦，同样印证了乾隆时期的繁荣与富足。

裕陵妃园寝是乾隆皇帝妃园寝，位于清裕陵的西旁，始建于1747年，又在1760年时进行了大规模的续建，增建了方城、明楼、宝城和东西配殿。

为了平衡清东陵和清西陵的关系，1796年太上皇弘历曾谕令以后各帝陵按昭穆次序在东、西两陵分建。道光皇帝即位以后，遵照此谕，1821年在东陵境内的宝华峪营建陵寝，1827年建成。

其妃园寝和公主园寝也随之完工。

宝华峪陵寝建成第二年因发现地宫渗水，道光帝震怒，不仅严惩了建陵臣工，而且不顾昭穆东西分建的谕旨，另在西陵境内相度陵址。随之将已建成的东陵宝华峪陵寝及妃园寝废掉，拆运到西陵重建，于是在东陵界内留下了一片废墟。

咸丰皇帝即位以后，又命令大臣在清东陵和清西陵两地相度陵址，由江西巡抚及吏部尚书等人商量后，最后选定清定陵的陵址在东陵界内的平安峪。

咸丰皇帝亲临阅视后同意了，他形容平安峪说：

侍郎 我国古代时期的官位之一。是郎官的一种，起初是宫廷的近侍，后来作为尚书的属官。属官初任为郎中，满一年为尚书郎，满三年就是侍郎了。侍郎的地位很重要，在我国古代设立了六部之后，每个部的侍郎都是辅佐尚书主官的人，也是实际执行者。

"左龙蜿蜒，右虎训俯，贴身蝉翼、牛角两砂隐约缠护；虾须、金鱼二水界划分明，灵光凝聚，穴法甚真……洵属上上吉地。"

于是，清定陵的修建日期就定在了1859年。虽然始建是在1859年，但清定陵的大部分营建还是在咸丰帝驾崩之后，也就是1861年。

清定陵兴工不久后，大臣们在清定陵规制的修建上发生了一场争论。工部侍郎宋晋认为，道光皇帝的清慕陵撤去了大牌楼、石像生、二柱门、方城、明楼等建筑，还将隆恩殿、东西配殿规模缩小，使陵墓朴实无华，更节省了民力。再加上修陵工程应该抓紧进行，因此应该把清定陵仿照清慕陵的规制营建。

但宋晋的这个建议遭到了礼亲王世铎等人的反对，他们认为清定陵还是要按皇家祖陵的传统规制为主的好。

最后，两宫皇太后采纳了世铎的建议，坚持以祖陵的传统规制为主，同时又部分效仿清慕陵，裁撤了大牌楼、二柱门，地宫内也不再雕有经文、佛像等。

直至1866年，清定陵才最后完工，但清定陵的妃园寝1865年8月时就完工了。

■ 清东陵之裕陵妃园寝

清东陵浮雕

恢宏的王陵

清定陵妃园寝与定陵同时兴工，位于清定陵以东的顺水峪，是咸丰帝妃嫔的墓地。清定陵妃园寝内共葬有咸丰帝的15位妃嫔。

清惠陵是清穆宗爱新觉罗载淳，也就是清同治帝的陵寝，位于距离清景陵东南3000米处的双山峪。

同治帝生前从未选过陵址以及修建陵墓，因此，在1874年，同治皇帝驾崩之后，朝廷才选择双山峪作为同治帝的万年吉地，为陵墓定名叫"清惠陵"。

清惠陵从1875年农历八月初三动工，直至1878年农历九月才竣工，历时3年多。承修的大臣有醇亲王奕譞、左都御史魁龄、户部侍郎荣禄、署理工部侍郎翁同龢等人。

清惠陵妃园寝坐落在清惠陵西侧的西双山峪，是清穆宗爱新觉罗·载淳，也就是同治帝的妃园寝。清惠陵妃园寝内葬有淑慎皇贵妃、恭肃皇贵妃、献哲皇贵妃和荣惠皇贵妃。其中，淑慎皇贵妃宝顶居前排正中，恭肃皇贵妃、献哲皇贵妃和荣惠皇贵妃的宝顶居后排。

昭西陵是清太宗爱新觉罗皇太极的皇后孝庄文皇后的陵寝，位于清东陵的大红门外东侧，与东陵之间有一道风水墙相隔。

孝庄文皇后虽然也属于入葬在清东陵之内的皇族，地点却在清东陵的大红门外东侧，这其中有几点原因。

一是孝庄文皇后是顺治帝的生母，但顺治帝的清孝陵就建在清东陵的昌瑞山主峰之下，处在陵园内至尊无上的位置。因此，清东陵内的任何一处其他地点的尊位都低于孝陵，和孝庄文皇后的地位是不相称的。

二是孝庄文皇后是太宗皇太极的皇后，皇太极的陵墓称为"昭陵"，因此孝庄文皇后的陵名要叫"昭西陵"。把皇太极的皇后陵墓葬在清东陵的陵园之外，是为了区分等级。

三是在清代，无论皇帝还是钦点的皇子王公谒陵，都要先从辈分最高的墓主的陵寝开始。孝庄文皇后身为清东陵所有内葬人中辈分最高的墓主，所以在谒陵时，每次都必须先从昭西陵开始。大红门是清东陵的正门，是谒陵人的必经之处，而昭西陵就在大红门一侧，对于谒陵来说提供了极大的方便。

清东陵建筑群

河北清东陵昭西陵

恢宏的王陵

四是，清代有左方为尊贵之位的说法，把昭西陵建在大红门的左侧，也正反映了孝庄文皇后的后代子孙们对她的尊崇景仰之意。而且从清东陵地势来说，右侧低洼多石，又濒临西大河，常有水患之虞，所以昭西陵建在大红门东侧也是理所应当的。

1687年，孝庄文皇后归天。按清朝早期葬制来说，皇后无论死于皇帝前后，都要与皇帝合葬，同陵同穴。但孝庄皇后在生前就曾嘱咐康熙帝说：

太宗文皇帝梓宫安奉已久，卑不动尊，此时未便合葬。若别起茔域，未免劳民动众，究非合葬之义。我心恋汝父子，不忍远去，务必于遵化安厝，我心无憾矣。

康熙帝向来对祖母非常孝顺，所以在孝庄归天后，他听从她的意见没有将其葬入昭陵，而是在东陵边修建了暂安奉殿。院内有享殿和暂安奉殿各一座，未建地宫。

康熙前往遵化祭谒暂安奉殿大都集中在冬季。他有意将谒陵安排在地冻冰封、难于行进的日子，是为了要在临近当年祖母与他诀别时，去拜谒、慰藉祖母。

1725年，是皇太极与孝庄成亲的100周年。雍正皇帝以孝庄文皇后暂安以来国家昌盛，圣祖在位历数绵长、子孙蕃衍为由，认为此地颇吉，所以将暂安奉殿改为"昭西陵"。因地势原因，未建马沟槽和桥梁涵洞。

1866年，慈安太后和慈禧太后派大学士周祖培等人，来清东陵为她们选择万年吉地。因为清定陵西侧是西大河，就只能在清定陵的东侧选中了平顶山和菩陀山。

1873年，慈安、慈禧到清东陵谒陵的时候，亲自阅视地势雄秀，山川环抱的平顶山和菩陀山，觉得很满意，当时就确定为万年吉地，并将平顶山改名为"普祥峪"，菩陀山改名为"菩陀峪"。

普祥峪定东陵是孝贞显皇后，也就是慈安皇太后的陵寝，位于昌瑞山南麓偏西的普祥峪，东边并排而建的就是慈禧皇太后的菩陀峪定东陵，由于两陵在咸丰帝清定陵之东，所以它们统称为"定东陵"。

慈禧陵与慈安陵在规模、规制上完全一样。尽管陵寝修建规制崇宏，典制齐备，有清一代诸后陵中均属上乘之作。

■ 清东陵裕陵的明楼

但在1895年，慈禧仍然下令将菩陀峪的方城、明楼、宝城、隆恩殿、东西配殿、东西燎炉全部拆除重建，把宫门、朝房、小牌楼、神厨库等建筑也揭瓦大修，连地宫各券及石五供也在维修之列。这个浩大的重修工程从1895年开始至1908年才告结束。

清东陵的15座陵寝是按照"居中为尊""长幼有序""尊卑有别"的传统观念设计排列的。

入关第一帝世祖顺治的孝陵位于南起金星山，北达昌瑞山主峰的中轴线上。清孝陵的左边是清圣祖康熙皇帝的景陵，再左边的是穆宗同治皇帝的惠陵。而清孝陵的右边是清高宗乾隆皇帝的裕陵，再右边的是文宗咸丰皇帝的定陵，这个格局形成了儿孙陪侍父祖的局面，突现了我国古代长者为尊的伦理观念。

清东陵建筑恢宏、壮观、精美，体现了明清两代宫廷建筑的基本形式。整座清东陵在木构和石构两方面都有精湛的技巧，可谓集清代宫殿建筑之大成，是我国建筑学和历史文化方面不可多得的遗产。

阅读链接

清代的乾隆皇帝共当政60年，终年88岁，这一寿龄在我国古代的帝王中是名列第一的。原因之一，乾隆是个品茶高手。民间流传着很多关于乾隆与茶的故事。

传说，乾隆私巡杭州时，曾在狮峰山茶园一杯接一杯地啜饮"色香味形四绝"的当地龙井。喝过之后，乾隆余兴未尽，又挥毫题诗，有"火前嫩，火后老，唯有骑火品最好"之句，足见乾隆品茗功底不凡，堪称行家。

当时的茶农为感恩这位皇帝知音体己，就把乾隆"垂青"过的18棵茶树围作"御茶园"，以志纪念。

乾隆还在太湖边品尝了一种叫"吓煞人香"的绿茶，对其冲泡出来的绿汤澄汁，"一嫩（芽叶）三鲜（色香味）"大加赞赏，于是根据茶叶螺状的外形，改名为"碧螺春"。从此碧螺春名闻天下。